ベトナムの工業化と日本企業

Industrialization of Vietnam and Japanese companies

前田 啓一・池部 亮 編著

同友館

はしがき

　近年のわが国では，日本企業の新たな事業展開先として，ベトナムをはじめとするASEAN各国やインドシナ諸国に対する関心が急速に高まっている。それまで中国やタイにもっぱら集中していた製造業直接投資の波が多極化し，さまざまな事情から，ASEAN内の後発諸国も注目されるようになった。これらの国々，特にベトナムなどで経済成長が次第に見られるようになったことを背景とする動きである。

　このような客観情勢のなかで，ベトナムは本書で語られるように，日本の大企業のみならず中小企業にとっても新たな事業展開先としていっそう注目されている。そしてなによりわれわれが感じ入るのは，これまですでにベトナムで事業を行っているか，あるいはフィジビリティスタディなど事前調査を行った方たちの多くが，さらには日本の会社で実習生や研修生を受け入れたことのある経営者のほとんどが，ベトナム人の彼らを高く評価し，ベトナムでのものづくりに日本企業のものづくりとの親和性を強く見出していることだ。

　本書は以下の各章から構成されている。ここでは各章のあらましを簡単にまとめておきたい。
　第1章「ベトナム工業化における進出日系企業の役割について」（前田啓一）では，ベトナムがあくまでもものづくり立国を基本とするのであれば，将来的にたとえリーディング産業の交替があろうとも，基盤的技術群が重要であることを改めて確認している。装置産業型大規模投資もさることながら，着実な雇用創出と技術移転を生むのはむしろこういった日本などからの中小製造業投資によるところが大きい。また，ここ数年のうちにベトナムでは中小企業政策や中小企業振興機関が整備されつつあるとはいえ，そこには多くの課題が見られる。そして，ASEANの他の国々に対するベトナムの比較優位を労働市場の比較優位（若年労働人口が多く，タイと比べると賃金水準が相対的に低い）と国民の日本的ものづくりへの親和性の高さを指摘する。さらに，ベトナムの地理

上の位置が中国とメコン諸国・ASEAN諸国との結節点にあることの意義を重要視している。

　第2章「ベトナム北部での進出日系企業の存立形態とベトナム地場企業の勃興」（前田啓一）は，基盤的技術分野を担う日本からの製造業分野での中小企業投資誘致の重要性を改めて強調している。進出日系企業とベトナムの地場ローカル企業との取引関係の強化を通じて，市場取引を媒介することにより，ベトナム企業のQCDが飛躍的に向上する。そのことの積み重ねによって，ベトナム企業が競争力を増し，世界市場で生き延び工業化を目指し発展していく以外に道はない。さらに，2015・18年に完成が期待されるASEAN経済共同体（AEC）のもとで，アジア大での分業構造の再編が重層的かつ輻輳的に急速に進んでいくものと展望される。日系の製造企業などでは，チャイナ・プラス・ワン戦略やタイ・プラス・ワン戦略とも相まって，ベトナム各地での製造機能の設置・拡充・再編に努めている企業が多い。

　第3章「ベトナム南部進出日系企業の現状とベトナムの裾野産業育成」（安栖宏隆）では，まず日系企業の進出動向を整理する。南部では，サービス業の進出が多いことと中小企業による製造業投資の多いことが指摘できる。進出日系企業の抱える問題点を列挙したのち，対応策を具体的に紹介しつつ検討を加えている。ここでは，進出企業が現場で直面することのある不透明な手数料の撲滅に向けての課題が指摘されている。最後に，ベトナムで強調されることの多い裾野産業の育成について政策面，現状，課題等の側面から論じており，南部に留まらずベトナムへの進出企業の概況とそれらが抱える問題点を包括的に論じている。

　第4章は「ものづくり中小企業のベトナム展開に対する自治体支援について」領家　誠）である。本章では，ベトナムに進出するものづくり中小企業，とりわけBtoBに従事する，生産展開型中小企業に対する自治体支援を考察している。ASEANでの事業展開を整理したのち，ベトナムへの進出時から進出後に至るプロセスにおいて企業が直面することの多い重要課題を，①現地企業（日系・ローカルの双方で）の探索，②現地の投資環境や操業環境についての各種

情報，③人材の確保育成，に集約している。そのうえで，上記3点に関して日本の自治体が行っている各種支援策を，事例も交えながら，詳細に明らかにする。実際に，専門家として関与している立場からの考察であるので，具体的に論じられており，参考にすべき点が多々含まれた論考である。そして，本章の最後では，自治体の支援のあり方についての課題と提言が述べられる。

第5章では，ベトナム進出中小企業事例をまとめている。本章での7社の事例を合わせ読まれることにより，本書での記述内容をより一層理解する上での一助になることが期待できるだろう。

第6章の「日系企業での産業人材育成」（大内寛子）は，ベトナムに不足する中間管理職層（中間人材）について進出日系製造業の育成努力の観点からその実態を明らかにし，直面する課題を分析している。ベトナムでは，「中所得国の罠」克服のためにもその育成が急務であるし，労働集約型産業から技術集約型産業への高度化が要請されている。本章で注目されるのは，筆者が2014年に行ったベトナム進出日系企業に対するアンケート調査の結果を踏まえて，進出日系企業のなかでこれら中間管理職層の活用と育成がどのようになされているのかを具体的に論じている点である。この分野では先駆的研究の一つであろう。結論として，各進出企業では駐在日本人がこまめにOJTを行っている姿を抽出するとともに，日系の精密機器メーカーを中心とする日系サプライヤーの誘致が技術移転に重要であることが明らかにされた。

第7章の「ベトナムの工業化とメコン諸国」（池部　亮・小林恵介）は，ベトナムの工業化が周辺のメコン諸国との間で貿易・投資構造にいかなる変化を及ぼすのかについて考察する，注目に値する研究である。まず，2000年以降今日までの時期について，ベトナムとメコン諸国との間で貿易関係が緊密化したことが明らかにされる。とはいえ，メコン諸国のなかでタイとベトナムを除くCLM（カンボジア，ラオス，ミャンマー）では外国投資の生産立地がようやく始まったばかりで，ベトナムとCLMとの貿易規模はまだまだ小さい。ついで，ベトナム企業のラオスとカンボジアに対する投資事例が述べられる。それによれば，通信事業，銀行，乳製品製造販売の分野や，ゴム・コーヒー等商

品作物栽培のためのベトナムからの投資が活発化している。そして，この背景にはWTO加盟によって国内市場を開放せざるを得なくなり，権益の独占構造が解消された国有企業の海外進出が背景にあると論じられる。豊富な資金と市場情報を有する国有企業が，後発発展途上国のラオスとカンボジアに向かったのである。

　第8章「ベトナムと中国の経済関係の緊密化─深まる二国間生産ネットワーク─」(池部　亮)では，ベトナムの貿易が中国への依存を深めていることを検討し，両国間での貿易構造を明らかにしている点で注目される。ここでは，電気機械，一般機械，繊維製品，輸送機械の貿易を詳細に分析している。ベトナムが工業化の途を歩んで以降，すなわち世界向けの輸出生産を増加させるに伴って，中国からの原材料や中間財の輸入が急拡大するといういびつな貿易構造上の問題がベトナムに見られることはよく知られている。本章ではチャイナ・プラス・ワン投資先としてのベトナムへの二次展開が中国に一極集中的に生産拠点を置くことによる様々なリスク回避策としての性格を有することを述べ，そのうえで中越間での物流が遮断されればグローバルなサプライチェーンに深刻な影響を及ぼしかねないと警告する。さらに，両国間での国際分業構造の分析を通じて，携帯電話部品，プリンター部品，ワイヤーハーネス，集積回路，綿および綿織物の対中輸出が増加しつつあり，自国生産の増加に基づく後方連関効果が表出していることを明らかにした特筆すべき研究である。

　さらに，「結びにかえて」(池部　亮)では本書の意義と課題を整理しまとめている。

　本書の内容は，ものづくりに依拠するベトナム工業発展の道筋を基本的に踏襲している。そして，その契機となるのはなによりも，日本などをはじめとする中小製造業などの外国直接投資である。すなわち，ベトナム経済はグローバリゼーションの波にもまれながらも，その地理上の優位性を活かしつつ，アジア諸国間での生産・立地調整過程に適合的にいまのところはある程度の成功を収めてきていると評価してもよいのではないか。むろん，残された課題はきわ

めて多く，またいっそうのチャレンジに失敗すれば失速してしまう危険性もある。「中所得国の罠」から脱することができないままにこのまま低発展のレベルに留まり続ける可能性も，あながち無いとは言い切れない。その意味では，いまベトナム経済のありようと進出日本企業の役割について考えることは，ベトナムのみならず，我が国の産業・企業にとっても喫緊の課題であるといえよう。

　本書の二人の編者である前田と池部は，前田が所長を務める大阪商業大学比較地域研究所が2014年10月24日に開催した国際シンポジュウムにて基調講演をお願いしたことがきっかけとなり互いが知り合うこととなった。この国際シンポジュウムは＜ASEAN統合とベトナムの工業化＞を統一テーマとし，池部氏はじめ，早稲田大学社会科学総合学術院のトラン・ヴァン・トゥ教授（Prof.Dr.Tran Van Tho），ベトナム経済管理中央研究所CIEM副所長のヴォ・チ・タイン（Dr.Vo Tri Thanh）氏がそれぞれ基調講演を行い，これに基づき活発な議論が展開された（このシンポジュウム記録については，大阪商業大学比較地域研究所『地域と社会』第18号，2016年2月に掲載）。池部氏は，現在，日本貿易振興機構海外調査部でアジア大洋州課長を勤めておられ，ベトナム経済・産業事情に造詣が深い。そのようなこともあり，本書の執筆者はジェトロ関係者3名（執筆当時）そして大阪側が3名という編成になった。ジェトロの方々はまさしく企業支援の最前線に立っておられるので，興味深い情報が随所に盛り込まれていると思う。

　本書の企画から出版まで，同友館の佐藤文彦次長にお世話になることができました。佐藤さんには今回を含めてこれまでに3冊もの出版をお引き受けいただきました。改めてお礼を申し上げたいと思います。

　　2016年6月　　　　　　　　　　執筆者を代表して　前田　啓一

◉目次◉

はしがき　*iii*

第①章　ベトナム工業化における進出日系企業の役割について……………1

　第1節　ベトナム経済の持続的発展への課題　*2*
　第2節　ベトナム中小企業政策・裾野産業政策の現状　*5*
　第3節　高まる日本企業への期待とベトナム工業化　*11*

第②章　ベトナム北部での進出日系企業の存立形態とベトナム地場企業の勃興……………15

　第1節　北部に集中する機械金属系の日系企業　*15*
　第2節　ベトナム北部での機械金属系日系製造企業の存立形態　*17*
　第3節　ASEAN立地を活用する日系進出中小企業　*20*
　第4節　勃興するベトナムの地場ローカル企業　*24*
　第5節　おわりに　*33*

第③章　ベトナム南部進出日系企業の現状とベトナムの裾野産業育成……………36

　第1節　はじめに　*36*
　第2節　日系企業の進出動向　*36*
　第3節　進出日系企業が抱える課題　*42*
　第4節　不透明な手数料の撲滅　*48*
　第5節　裾野産業の現状と課題　*49*
　第6節　おわりに　*53*

第④章 ものづくり中小企業のベトナム展開に対する自治体支援について……55

- 第1節 はじめに　55
- 第2節 ものづくり中小企業のASEAN展開の状況　55
- 第3節 自治体における海外展開支援の状況　62
- 第4節 おわりに　76

第⑤章 ベトナム進出企業事例……82

- 第1節 はじめに　82
- 第2節 従業員巻き込み・家族重視により定着率を上げたプラントメーカー　83
- 第3節 中小製造業が取り組む職務職階制度の確立による雇用継続　86
- 第4節 ベトナムにおける中小製造業の経営
  ―ベトナム進出のメリット活用と人材活用術　89
- 第5節 新卒の育成・日本語での顧客対応にこだわるFA機械装置メーカー　92
- 第6節 現地調達拡大と給与体系への工夫で日本品質―EPAも活用　95
- 第7節 ベトナムの工業化を支える裾野産業　98
- 第8節 日越金型クラブの発足に尽力するプラスチック金型メーカー　103

第⑥章 日系企業での産業人材育成……106

- 第1節 はじめに　106
- 第2節 後発国工業化の理論からみたベトナムの現状と課題　107
- 第3節 進出日系企業内での産業人材育成を通じた技術移転　112
- 第4節 ベトナム進出日系企業における産業人材育成の事例分析　115
- 第5節 おわりに　124

第7章 ベトナムの工業化とメコン諸国 …………………… 128

第1節　はじめに　*128*

第2節　ベトナムとメコン諸国の貿易構造　*130*

第3節　ベトナムの対メコン諸国投資　*141*

第4節　結びにかえて　*149*

第8章 ベトナムと中国の経済関係の緊密化 …………… 154
―深まる二国間生産ネットワーク―

第1節　はじめに　*154*

第2節　中国とベトナムの貿易構造の変化　*156*

第3節　中越間の国際分業構造　*163*

第4節　ベトナムの工業化の展望　*176*

結びにかえて　*180*

第1章
ベトナム工業化における進出日系企業の役割について

　2008年9月のリーマンブラザーズ破綻後の頃から，世界経済における直接投資の流れが大きく変わってきた。1990年代に入ってからは世界の製造業投資の多くが中国に向かっていたのに，この頃からインドシナ半島の，例えばベトナムなどにも，いっそうの関心が示されるようになった。すなわち，中国経済についての経済的評価が世界の工場としてのものから世界の市場へとシフトしていったのと同調するかのように，ベトナムなどASEAN諸国への注目が高まっている。この動きは，改めて指摘するまでもなく，中国での人件費高騰や日中両国政府間での政治的緊張の高まり，そしてそれに伴う一部経営者たちの中国撤退志向などを反映している。ただ，このような中国離れとも見える日本企業の生産機能調整は，今のところ，中国への既進出企業については中国からの完全撤退ではなくて，中国からの労働集約工程の一部分のベトナムへの移管などの再編成のかたちをとって進められている。つまり，中国での今後の市場獲得の余地を残したかたちで，それに研究開発などの拠点としての機能も加わって，生産機能の多くの部分を依然として中国におくことを基本とすることには変わりがない。

　ただ，このところ，中小企業などでのASEAN諸国への新規進出の動きも数多く見られる。また，これ以前にも，いち早く輸出志向工業化を目指して産業集積の厚みをも兼ね備えるに至ったタイへの投資ブームも続いている。ところが近年では，ASEAN後発国のベトナムだけではなく，カンボジア，ミャンマーなども進出先として検討されるようになってきた。

第1節　ベトナム経済の持続的発展への課題

ドイモイ以来，ベトナムはかなり順調な経済発展を辿ってきたと言える。

マッキンゼーのレポートによると[1]，直近の四半世紀でベトナムはアジアのなかで最大のサクセス・ストーリーを記録する国の一つとなった。1986年以降，1人あたりのGDPが年率で5.3％の増加を続けているし，製造業は2005年から2010年にかけて同じく9％以上の成長を記録している。

2010年での産業構造を中国，インドと比較すると（図1-1），ベトナムは農業が20％をやや上回っているものの，製造業やサービス産業のシェアが4割前後と比較的に釣り合いがとれている。そして，図1-2からも，製造業，卸小売業そして農業・林業・漁業の三つのセクターで，GDPならびに生産性の伸びの大きいことが示されている。

ただ，ベトナムの輸出構造が他のASEAN諸国と比べると，依然として低付加価値製品の占める比率の高いことがわかる。そのことは，図1-3に見られるように，ベトナムが世界の輸出市場で競争力の強い製品—例えば，履物や家具，繊維類など—は輸出金額の小さいことで明らかになっている。

そこで，このマッキンゼー報告書では，ベトナムが持続的な成長を続けるために次の四つの行動指針（アジェンダ）を提起している[2]。すなわち，第一はマクロ経済金融セクターの安定性確保，第二は生産性と成長の強化，第三は生産性と成長を向上させるためにふさわしくて明確な政策の創出，そして第四は政府の経済的役割の改革実行と実効性の担保である。

さらに，2013年に発表された政府文書でも，ベトナム工業発展の現状を次の5点にまとめている（計画投資省（2013））。すなわち，

① 工業はGDPの成長に大きく貢献しているが，主に付加価値の低い加工製造業によるもの。

---

[1] Marco Breu, et al. (2012), p.1.
[2] Ibid., pp.25-43.

図1-1　ベトナム・中国・インドの産業構造比較（2010年，GDP比，%）

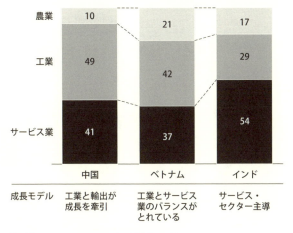

| 成長モデル | 工業と輸出が成長を牽引 | 工業とサービス業のバランスがとれている | サービス・セクター主導 |

（出所）Marco Breu, et al. (2012), p.13.

図1-2　ベトナムの産業構造（実質GDP，生産性の伸び率）

	GDP		生産性	
	実質, 2010年[1] 1兆ドン	2005〜2010年の年平均成長率[2], %	実質, 2010年, 100万ドン, 1人当たり	2005〜2010年の年平均成長率, %
農業・林業・漁業	91	3.3	3.8	3.8
鉱業・採石	22	−0.9	55.6	−3.5
製造業	139	9.3	19.7	3.1
電力・ガス・給水	18	9.9	68.0	−1.6
建設	52	8.7	17.2	0.1
卸小売業	94	8.0	17.1	3.9
ホテル・レストラン	21	8.9	12.1	−8.8
運送・倉庫・通信	25	10.1	20.1	7.7
金融	13	8.8	51.1	−2.2
不動産	20	3.6	67.1	−8.8
公務・防衛	15	7.4	8.0	3.1
教育・訓練	19	7.7	11.4	−0.4
健康・社会事業	8	7.5	19.9	3.0
社会サービス・個人サービス・家事	15	7.0	10.7	−1.6

1　1994年固定価格：ベトナム標準産業分類2007に基づく。
2　同時期でのGDP全体の年平均成長率は7.0%。
3　過去5年間で労働人口が最も増えた2つのセクターはホテル・レストラン（108%）と不動産（433%）である。

（出所）*Ibid.*

図1-3　ベトナムの輸出パフォーマンス（2005～2010年）

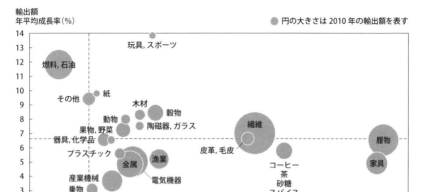

（出所）Ibid., p.16.

② 製造業は輸出への貢献を高めてきたが，主な収入は一次産品，簡易製造加工及び組立によるもの。
③ 工業生産高と輸出総額で高い比重を占めている製造業は大半が最終製品の生産業種である一方，多くの資本を必要とする中流・上流の工業発展は不十分。
④ 外国直接投資は製造業の成長に大きく貢献してきたが，それは主に，ベトナムが依然として比較優位を持ち，また域内サプライチェーンの変化動向から利を得ているいくつかの下流産業に集中。
⑤ ベトナムの工業構造には環境・省エネ工業が欠如。

この政府文書の述べるところは，先のマッキンゼーのレポートの説明とそのほとんどが重なるものの，ここでは上での③に見られるように，産業連関上での中流・上流域と下流域産業とのリンケージを論じている。そのうえで，本政府文書は的を絞った産業政策の必要性を強調したものとなっている。すなわち，総花的なものではなくて，選択的かつ積極的な政策をつくることの重要性

を指摘し，そのうえでベトナムを2020年までに近代的な工業国とすべく努力を重ねていかなければならないとする。

　本書では，ベトナムの経済発展戦略の道筋についてそれを詳しく論じるものではない。ただ，われわれは，ベトナムがあくまでもものづくり立国を基本とするのであれば，将来的にたとえリーディング産業の交替があろうとも，基盤的技術群の重要性は大きく変わるものではないことを強調しておきたい。ここにおいては，基盤的技術分野を担う日本からの製造業分野での中小企業投資が重要である。着実な雇用創出と技術移転を生むのは装置産業型大規模投資もさることながら，むしろこういった中小企業投資によるところが大きい。ベトナムにおいて今後育成がますます必要になってくるのは，リーディング産業がどのようなものになろうとも，その産業基盤の底辺を形成することになる基盤的技術分野の中小企業ということになるのでないか。近年のベトナムでは，日系企業が求める品質レベルで基盤的技術企業が緩やかながらも成長しつつある。ベトナムではここにきてようやく中小企業の成長の兆しを感じ取ることができるようになった。

第2節　ベトナム中小企業政策・裾野産業政策の現状

　ベトナムでは2009年公布の政令56号によって中小企業の明確な範囲が定められた。ただ，登録企業数は掌握されているものの，家族経営・自営業の未登録企業が多数存在していると考えられる。また，倒産や廃業などの理由による消滅企業の登録抹消手続はいまだ確立していない。このような様々な理由から，業種別の中小企業数を正確に把握するのは容易でない。ベトナム中小企業白書2011年版から，直近のデータ（2010年1月1日現在，全産業＜国有企業等を含む＞）を見ると，企業数全体（約25万社）のなかで，小企業20万社，中企業は3万4千社強，そして大企業は約1万社を数える。

　ベトナムにおいて中小企業振興政策が具体的に打ち出されるのは1998年以

降である。政府は輸出競争力強化,雇用吸収,企業経営の効率化などを目的とする各種の中小企業振興策を提示するようになった[3]。中小企業振興に関して最初に公布されたのは2001年の政令90号(90/2001/ND-CP中小企業発展の支援について)である。中小企業振興の基本法とも言える本政令では,第1条に「中小企業育成・発展は国の社会経済発展,工業化・近代化を実現するための重要な任務の一つである」ことが明記された。具体的には,中小企業の定義,各種振興組織の設置,中小企業信用保証基金の設立などが盛り込まれている。2009年には,政令56号(56/2009/ND-CP中小企業発展の支援について)の制定により,上記政令90号が改定された。

　2002年10月には計画投資省内に中小企業開発庁(Agency for SME Development; ASMED)が設立され,これが2008年に企業開発庁(Agency for Enterprise Development; AED)へと改称された。企業開発庁の業務のうち,中小企業振興に関わる主なものは,①中小企業開発・振興に関する方針と計画の策定,②支援プログラムを開発強化し,各省庁・地方政府に中小企業の支援計画の作成・実施に関わる案内・支援・連携を行う,③全国の中小企業の発展状況をまとめ報告する,④TAC(後述)の活動を通じて各種コンサルティングを提供する,⑤中小企業振興審議会の事務局などを務める,がある[4]。また,2003年には中小企業振興評議会(SME Development Council)が,中小企業支援政策・制度に関する首相への諮問機関として設立された。

　2003年に設立されたTACはAEDに所属している。設立当初はSmall and Medium-sized Enterprise Technical Assistance Center(SME TAC),すなわち中小企業技術支援センターとの名称であり技術面での支援が中心であったが,その後活動内容の見直しが進められ,2009年からは現在の名称であるTHE ASSISTANCE CENTER FOR SME(TAC,中小企業支援センター)となっ

---

(3)　㈱野村総合研究所・㈶素形材センター『ヴィエトナム国中小企業振興計画調査報告書』1999年12月,I-2-6〜I-2-7頁。
(4)　計画投資省の決定書463号(436/QD-BKH)より(Vu Thi Viet Thao(2012)の33頁)。

た。その主要な任務は政策やプログラムを具体的に実行することにあり，ハノイ，ホーチミン，ダナンの3ヶ所に設置されている。その活動分野は，(i) 人材教育，(ii) 企業コンサルティング，(iii) 事業連携，(iv) 企業への情報提供の四つである。TACによる2006年から2008年についての具体的成果に関しては，TACのスタッフと日本の専門家とがペアになり324の現地企業を訪問指導した。さらに，TAC-HANOIでは経営管理者向けの訓練コースを89開設し，3,223人の社長やエグゼクティブがこれに参加した。また，21の現場実習コースが用意され，592人の現場作業員が参加した[5]。ただし，面談（2012年8月12日）で，TAC-HANOIの所長はこれまで9年間の歴史しかなく，日本と比べれば問題の多いことを率直に表明した。スタッフは16名と少なく，しかも若い人が多く（ベトナムでは民間企業そのものの歴史が浅い），企業での現場経験に乏しい。実際に活動は各種セミナーの開催や地場企業に対するアドヴァイスの実施（企業設立時の手続き，税制面での対応）レベルに留まる。したがって，TAC自身が，あるいはそのスタッフだけで，ベトナム地場中小企業に対する実際に有効な支援が行いうるかについては疑問が残る。

2006年10月，ベトナム政府は2006年から2010年までについての最初の中小企業振興計画を公表した。「中小企業発展5ヵ年計画2006〜2010」(The 5 year SME Development Plan 2006〜2010) と題する本文書は，中小企業発展の目標と手段，ガイドラインなどについて述べている。総括目標は，「中小企業の設立・活動の円滑化，公正な競争市場の確立，経済発展における中小企業の貢献強化，国家の競争力向上を図る」とし，数値目標を以下の通り明記している[6]。①2006〜2010年の間に，新規中小企業を32万社増やす，②輸出中小企業の比率を6%までに増やす，③270万人の雇用創出，④16万5千人の中小企業労働者の職業訓練等々である。次いで，2012年9月に2度目の5カ年計画

---

(5) TAC-HANOI発行の*The Assistance Center for Small and Medium sized Enterprisises in The North*と題するパンフレットを参照。
(6) 宮本幹「ベトナムにおける中小企業機能支援強化JICAプロジェクトについて」(2012年7月12日)。

となる「中小企業発展計画2011〜2015」が首相により決定された[7]。第1条には,「中小企業開発についての考え方」が示されている。①中小企業開発が政府の長期的かつ一貫した戦略であり,国家の経済開発政策のなかでの重要目標である,②中小企業がバランスよく発展し公平に競争ができる法律,メカニズム,政策の創出,③中小企業の量的拡大・質的向上を進めることにより,経済発展の効率化,環境保護,雇用創出・貧困撲滅,社会的安全性の確保,各地域事情に相応しい中小企業開発,農村工業と伝統工芸の奨励,遠隔地ならびに不毛な地域での中小企業開発,少数民族・女性・身障者による中小企業開発,裾野産業・補助的サービス業・高い競争力を有する産業の支援,④中小企業開発は経済−社会開発についての国家目標の実現を目指す,と総花的記述が目立つ。数値目標も盛り込まれている。①2011〜2015年の期間中に35万社の新規開業,2015年12月31日[8]時点で稼動中の中小企業数を60万社にする,②全国輸出総額に占める中小企業の輸出比率を25％とする,③中小企業投資額が社会全体の投資総額に占める比率を35％にする,④中小企業がGDPの40％,歳入の30％をもたらす,⑤350〜400万人の新規雇用の創出,である。

　このようにベトナムでは,ここ数年のうちに中小企業政策や中小企業振興機関が着実に整備されつつある。とはいえ,そこには多くの課題が指摘される。例えば,青山和正は,実施上の問題点を次のように整理している[9]。①中小企業政策の基本理念や方針があいまいで体系的に整備されていない,②各省庁での縦割り意識が強く,それぞれが独自に類似する中小企業支援を行っており,調整が十分に進められていない,③中小企業向けの金融制度が確立していないなどである。さらに具体的にいえば,商工省が裾野産業を,他方中小企業については計画投資省が担当するという縦割り意識がベトナム特有の事情として指摘できる。

---

(7)　No.1231/QD-TTg, APPROVING THE PLAN FOR DEVELOPNG MEDIUM AND SMALL ENTERPRISES 2011〜2015, Hanoi, September 07, 2012.
(8)　英語版では2012年12月31日とされているが,前後の文脈からして2015年12月31日の誤りだと思われる。
(9)　青山（2013）,31〜32頁,34〜37頁参照。

ベトナムの工業化を考える上で，常に指摘されるのが裾野産業（Supporting Industries）育成の重要性である。これについては，この数年間のうちにとりわけ重要視されている。ベトナムでは大規模な加工組立型企業による輸出が急速に増加しているとはいえ，そのなかに組み込まれる重要部品に関しては日本などからの輸入に頼っているのが現状である。ただ，ベトナムの裾野産業育成策に関しては，表1-1に示されているように，このところ積極的に打ち出されている。

表1-1　裾野産業育成に関する法規文書

関連法規	内容
商工省令34 (34/2007/QD-BCN，2007年7月31日)	裾野産業マスタープラン
政令12 (12/2011/QD-TTG，2011年2月24日)	
政令1483 (1483/2011/QD-TTG，2011年8月26日)	裾野産業対象分野および品目制定
政令96 (96/2011/QT-BTC，2011年7月24日)	裾野産業に対する優遇政策規定
政令9734 (9734/BCT-CNNg，2011年10月20日)	裾野産業優遇政策適用申請手続き及び認定機関

（出所）市川（2012）。

　2007年にベトナム商工省が策定した裾野産業開発計画（マスタープラン）では，繊維・縫製産業，皮革・製靴産業，電子・IT産業，四輪車，製造機械産業の特定5分野について2010年までの目標を提示した。とはいえ，その振興施策の内容については曖昧なままに終始した。
　裾野産業育成の実際については，2003年から開始された日越共同シニシアティブの下で，JICAなどを通じた日本側への期待が大きい。最近10年間での四期のフェーズにおいて，裾野産業育成を含む具体的な数多くのアクションプランのなかに盛り込まれた337項目のうちの85％がスケジュール通りに実施

されている(10)。第四フェーズ（2010～2012年）では裾野産業として育成誘致すべき具体的業種として金型産業について合意された。ベトナム企業への支援内容としては経営者レベル・中間者層レベルの人材育成，技能検定（機械加工技術）制度の導入などが盛り込まれている(11)。

　2013年7月下旬から2014年年末までの期間については第五フェーズが立ち上げられた。期間中に，税制，関税，知的財産権，インフラ開発そして食の安全性等からなる13グループからなる27項目が列挙された。工業開発面での優先6産業としては，電子，農業機械，農業・海産物加工，造船，環境ならびにエネルギー保全，自動車・同補修部品の製造が挙げられた(12)。2007年マスタープランと比較すれば，繊維・縫製産業，皮革・製靴産業といった労働集約部門が姿を消し，製造機械産業が今回は農業機械へと特定された。そして，新たに農業・海産物加工，造船，環境ならびにエネルギー保全が加えられた。2020年までの工業化を目指すベトナム政府は，労働集約型産業から重点を移し造船も含む組立産業へシフトしていきたいという考え方が表れている。また，豊かな水産資源活用と近年重視されている環境問題への配慮が注目される。ただ，自動車・同補修部品が入っているものの，自動車育成策は依然不透明なままである。

　このように具体的な施策が次々と実施されてはいるが，裾野産業育成については明確でないところが多い。第一は，言葉の定義が曖昧なままに終始していることである。2011年2月の首相決定（「裾野産業の発展政策について」）では裾野産業について，「材料，部品，半製品を製造し，生産原料又は消費財としての完成品の製造・組立を行う分野へ提供する工業分野(13)」としている。自動車部品や素材の製造大企業が含まれるし，他方で中小企業であってもこの範疇に入らないものもある。

---

(10) *Vietnam News*, July 31, 2013.
(11) 市川（2012）。
(12) *Vietnam News*, op.cit.
(13) 12/2011/QD-TTg.

また，地場ローカル企業に対する精力的な支援や産業人材育成の試みにも関わらず，ベトナムでの裾野産業育成はまだまだ不十分であり，裾野産業が自律的に成長してきているとはなかなか言いづらい。

第3節　高まる日本企業への期待とベトナム工業化

このような状況のなかで，ベトナム進出企業の経営上の問題点としては（表1-2を参照），「従業員の賃金上昇」が最も多く指摘されているほか，「現地人材の能力・意識」や「幹部候補人材の採用難」も見られる。そのほか，ベトナムでは第2位に「原材料・部品の現地調達の難しさ」が認識されているほか，「通関等諸手続きが煩雑」も問題点として指摘されている。

表1-2　経営上の問題点

	タイ	ベトナム
1	従業員の賃金上昇（77.9%）	従業員の賃金上昇（81.5%）
2	競合相手の台頭（コスト面で競合）（57.2）	原材料・部品の現地調達の難しさ（74.5）
3	現地人材の能力・意識（55.0）	現地人材の能力・意識（60.5）
4	幹部候補人材の採用難（50.3）	幹部候補人材の採用難（54.7）
5	主要取引先からの値下げ要請（50.1）	通関等諸手続きが煩雑（53.9）

（出所）日本貿易振興機構（2012），42頁より作成。

ベトナムでの原材料・部品の現地調達が困難であることを明らかにしているのが次の表1-3である。これによると，現地での調達比率が高いのが中国で60％を超えているほか，タイでも50％を上回っている。これに対して，ベトナムは中国やタイの半分程度にすぎず，現地調達の困難さが示されている。ベトナムでは現地調達の難しさをカバーするものとしてASEANや中国からの調達比率が他の国よりも高くなっている。

今後の生産機能高度化について，同じくジェトロが調べたものによると，「高付加価値品の生産機能を拡大する」が「汎用品の生産機能を拡大」との回答を上回った諸国のなかにはタイ（それぞれ43.5％，34.5％）と中国（33.6％，

表1-3 原材料・部品の調達先割合

	現地	日本	ASEAN	中国	その他
総　　数	47.8%	31.8%	7.2%	5.3%	8.0%
中　　国	60.8	31.4	2.4	－	5.6
タ　　イ	52.9	30.7	5.0	4.3	7.1
ベトナム	27.9	37.4	13.2	11.3	9.8

注：国・地域別の合計が100％になるよう回答したもの。
（出所）同上，48頁より作成。

25.6％）がある。逆に，ベトナムでは「汎用品」（44.7％）が高くて，「高付加価値品」（38.5％）を超えている。このように，ベトナムでの生産機能の位置づけはタイや中国とは異なり，現状では高付加価値品を目指すものづくりではなく，普及品や汎用品タイプの生産を目指す企業が多いことが示されている[14]。

　ASEANの他の国々に対するベトナムの比較優位についてはおおよそ次のようにまとめることができよう。まず，労働市場の比較優位（若年労働人口が多く，タイと比べれば賃金水準が相対的に低い）と国民の日本的ものづくりに対する親和性の高さである。この後の点については，他の国々よりも，日本の中小企業経営者には魅力的である。

　日本の対越投資では，近年，ベトナム北部に機械金属系の大企業のみならず中小製造業が，そして南部には中小製造業はもとより商業・サービス業投資が増えつつある。こういった進出企業との取引強化を通じて，ベトナム企業も少しずつとはいえ次第に育ちつつある。さらに，ベトナムには長い海岸線と広大な高原地帯がある。このような地域で豊かな水産資源や高付加価値農産物の開発が今後一層積極的に取り組まれる必要がある。ただ，最後の点に関して本書ではこれ以上言及しない。

　ベトナムの地政学的優位に関しては，なによりその地理上の位置が中国とメ

---

(14)　日本貿易振興機構（2012），22頁。

コン諸国・ASEAN諸国との結節点にあること，さらに陸のASEANと海のASEAN諸国との境界にあることが特徴的であろう。インドシナ半島での物流網の今後の整備いかんではタイとの綱引きで日本などから外資系企業をさらに引き付ける可能性が存在する。

　さらに，世界貿易で今日主流となっているFTAやEPAなどの枠組みに関しても，ベトナムには優位性がある。TPP（環太平洋パートナーシップ協定）の交渉にベトナム政府は参加しているし，またACFTA（ASEAN・中国間のFTA）やEUとのFTA（2015年8月に大筋合意発表）への参加はベトナムに経済的利益を与えるものと予想される。すなわち，ベトナム立地企業はアメリカ，日本，中国そしてEU諸国などに関税なしで輸出ができるようになるからである。

【参考文献】
青山和正（2013）「ベトナムの中小企業政策に関する研究―ベトナムの中小企業振興政策の現状と課題」『成城大学経済研究所研究報告』No.61.
池部亮（2013）『東アジアの国際分業と「華越経済圏」―広東省とベトナムの生産ネットワーク』新評論。
市川匡四郎（2012）「ベトナムへの投資状況・裾野産業の現状と課題」アジア太平洋研究所（APIR），「中小企業の東南アジア進出に関する実践的研究」第2回研究会。
大野健一・川端望編著（2003）『ベトナムの工業化戦略―グローバル化時代の途上国産業支援』日本評論社。
経営労働協会監修，関満博・池部亮編（2006）『ベトナム/市場経済化と日本企業 増補版』新評論。
計画投資省（2013）『プロポーザル 越日協力の枠組みにおける2020年に向けたベトナム工業化戦略及び2030年へのヴィジョン（仮訳）』。
ジェトロ・ハノイ（2010）『2010年ベトナム一般概況～数字で見るベトナム経済～』ならびに同（2015）『2015年ベトナム一般概況～数字で見るベトナム経済～』。
トラン・ヴァン・トウ（2010）『ベトナム経済発展論―中所得国の罠と新たなドイモイ』勁草書房。
日本貿易振興機構海外調査部アジア大洋州課・中国北アジア課（2012）『在アジア・

オセアニア日系企業活動実態調査（2012年度調査）』。
藤岡資正編著（2015）『日本企業のタイ＋ワン戦略―メコン地域での価値共創に向けて』同友館。
ベトナム開発フォーラム（2006）『日系企業から見たベトナム裾野産業』ベトナム開発フォーラム（VDF）報告書，No.2(J)。
前田啓一（2013a）「ベトナム北部日系工業団地における日系中小企業の事業展開について―ハノイ市とハイフォン市を中心に」『同志社商学』第64巻第6号。
前田啓一（2013b）「国際的時間制約下におけるベトナム経済の課題について」『大阪商業大学論集』第173号。
前田啓一（2014a）「ベトナム中小企業政策の現況と北部での基盤的技術分野の勃興について」『地域と社会』大阪商業大学比較地域研究所。
前田啓一（2014b）「直接投資と工業化・中小企業形成」『日本中小企業学会論集 アジア大の分業構造と中小企業』第33号。
前田啓一（2015）「ベトナム北部機械金属系中小製造業の勃興と創業者の基本的特徴について―エリート資本主義の萌芽か」『同志社商学』第66巻第6号。
三菱UFJリサーチ＆コンサルティング株式会社（2009）『ホアラック・ハイテクパークにおける中小企業エリア設置に関する調査 平成21年度アジア産業基盤強化等事業 報告書』。
Marco Breu, Richard Dobbs, Jaana Remes, David Skilling and Jinwook Kim (2012) *Sustaining Vietnam's growth: The productivity challenge*, McKinsey Global Institute.
Ministry of Planning and Investment, Agency for Enterprise Development (2011) *White Paper on Small and Medium sized Enterprises in Viet Nam*.
Vu Thi Viet Thao（2012）「ベトナムの経済発展と中小企業政策」（神戸大学大学院国際協力研究科提出修士論文）。

（前田啓一）

第2章

ベトナム北部での進出日系企業の存立形態とベトナム地場企業の勃興

第1節　北部に集中する機械金属系の日系企業

　ドイモイへの政策転換ののち，ベトナムは市場経済の活用を進めつつ，外国直接投資の積極的導入による工業化路線に邁進している。地域別にみると，ベトナム南部はベトナム戦争中にアメリカの強い影響下にあったため，軍事的要請もあって，道路や電力などの産業インフラが一定程度整っていた。したがって市場経済への親和性も高く，日本からの直接投資も2000年までは南部に集中していた。しかしながら，2001年以降は北部向け直接投資も増加が目立つに至る。また，その後の件数でも北部，南部ともほぼ同じくらいの数で推移している。

　ベトナム北部への直接投資は2001年でのキヤノン，住友ベークライト，デンソーなどをはじめとして，当初は大企業によるものが多かった。東洋経済新報社の『海外進出企業総覧　2010年』のデータに基づくと，ベトナム北部進出日系企業の7割弱が製造業であり，業種別内訳では電気機器が28.1％，輸送機器18.2％などとなっている。

　ジェトロが調べたところによれば，2013年のベトナム工業生産額は合計で2,600億ドルに上る。ホーチミン市（17.0％），南東地域（27.4％），メコンデルタ（9.3％）からなる南部が53.6％，そしてハノイ市（7.7％），紅河デルタ（21.7％），北部丘陵・山岳地帯（2.7％）から構成される北部ベトナムは32.1％である。

　国際協力銀行の実施した企業ヒアリングでは，日系製造業のベトナム北部への進出理由については，次の三つにまとめられる。(1) 中国華南地方との分

業を視野に入れたもの，(2) 割安な人件費を求めたもの，そして (3) 大手メーカー（納入先）への近接性である（国際協力銀行（2014），149〜50頁）。

日本企業のベトナム進出について，『海外進出企業総覧 2015年』の掲載データから機械金属関連業種を抽出し，北部と南部にわけてその進出件数をまとめて作成したのが表2-1である。

表2-1 日系機械金属関連業種のベトナムへの進出状況（設立年と操業年の合計）

	電気機器	輸送機器	化学	機械	金属製品	精密機器	ゴム製品	ガラス・土石	その他	計
1992〜1999	4,9	7,7	2,12	1,1	3,13	1,1	1,0	1,0	7,11	27,54
2000〜2004	5,1	5,2	3,4	3,0	3,3	0,0	0,1	3,0	11,1	33,12
2005〜2009	24,9	15,2	10,11	6,2	21,9	0,2	2,0	0,0	8,8	86,43
2010〜2015	12,5	13,4	5,5	1,6	14,9	1,1	6,1	2,0	6,24	60,55
合計	45,24	40,15	20,32	11,9	41,34	2,4	9,2	6,0	32,44	206,164

注：各期での前（左側）の数字が北部計，後ろ（右側）の数字が南部計。
(出所) 東洋経済新報社『海外進出企業総覧 国別編 2015年』の掲載データから筆者が抽出し作成したもの。

表2-1では，設立年もしくは操業年を抽出し，区別することなく合計件数を記載していること，くわえて『海外進出企業総覧』に掲載されているデータそのものが悉皆調査に基づくものでないことに注意が必要である。したがって，表2-1での数字そのものにはそれほどの意味はないものの，それでもベトナムの北部と南部に進出する日本企業のおおまかな進出傾向が示される。これによると，1992年から2015年にかけての日系機械金属関連業種の進出先は全体としては北部地域のほうで件数が多い。ちなみに，合計では北部で206件，南部では164件であった。そして，1992〜1999年の早い時期でこそ南部が北部を倍のペースで上回っていたものの，2000年以降になると北部が南部を上回る傾向が明白となっている。そのことは電気機器や輸送機器の業種別にみても明

らかである。

　また，ジェトロ・ハノイ事務所は，在ベトナム日系企業では依然として日系企業からの現地調達が重要であるとし，2014年7月に初めて在ベトナム日系サプライヤー調査を行った。この調査報告書には日系サプライヤー51社の会社概要にくわえて，加工・製品内容，主要機械・装置が掲載されている（表2-2）（ジェトロ・ハノイ（2014）。本ダイレクトリーに掲載された51社のうち製造業は42社である。また，未掲載の日系企業も多いと最初に断っている）。

表2-2　ベトナム北中部での日系製造業・関連商社サプライヤーの企業数

プレス加工		樹脂成型		ゴム成型		機械加工	打ち抜き	鋳鍛造		溶接	表面処理			熱処理	組立	電気・電子部品	電気制御	建設資材	材料	梱包・包装	商社	その他
加工品	金型	成型品	金型	成型品	金型	精密	精密	ダイカスト	鍛造		めっき	塗装	プリント									
3	1	7	5	3	1	9	2	1	1	5	3	1	1	2	22	5	1	4	4	4	6	3

(出所）ジェトロ・ハノイ（2014）の掲載表より筆者が作成したもの。

　ここからは，ベトナム北中部での日系製造業・関連商社サプライヤーの業務内容としては基礎的な技術群の一通りが揃っていることが示される。ただ，組み立てが圧倒的に多くて，その他の製造業では精密機械加工，樹脂成型品，樹脂成型用金型，溶接，電気・電子部品などが比較的に多い。また，地域別にみると，ハノイのほかでは，ハノイからハイフォンをつなぐ国道5号線沿いのバクニン，ハイフォン，ハイズオン，フンイェンでのこれら企業の立地が目立っている。

第2節　ベトナム北部での機械金属系日系製造企業の存立形態

　ベトナム北部に立地する機械金属系日系製造企業の国際生産分業上での位置付けに関しては，池部が指摘するように，中国の広東省や広西チワン族自治区

にある企業との取引関係の強化にこれからも一定の可能性があると考えられる（池部（2013）を参照）。ただ，南シナ海のパラセル（西沙），スプラトリー（南沙）諸島の領有権をめぐる越中間での政治関係の緊張激化や2015年・18年でのASEAN統合深化による影響，そしてインドシナ半島での道路網等インフラ整備の進捗状況次第では，バンコクやその他諸国・地域との国際的生産分業関係緊密化の可能性がないとは言えない。ただ，バンコクや他のASEAN諸国・地域との取引ではそれに要する距離や時間などの点を考慮すれば，隣接する中国との分業緊密化の可能性も大きいことは間違いない。

　ベトナム北部では上のように国際的生産分業の展望に関する不透明さが見られるものの，この地に多数進出する日系製造業の中小部品メーカーや加工メーカーでは，北部のみならず南部に所在する日系組立企業はむろん，サプライヤーとの取引関係を強化し続けている。そして，ベトナム北部へ進出する日系中小企業では進出日系の大手組立企業や大手サプライヤーとのベトナム国内取引や日本などへの輸出向け生産が今のところはほとんどで，これら進出日系大手組立企業や大手サプライヤーをバイパスして，一足飛びに上述の中国企業と取引を進めている日系中小企業を寡聞にして知らない。ただ，ヒアリング調査を行ったところ，ベトナムの地場ローカル企業や日系の加工型中小企業の数社で調達コストを引き下げるために関係強化を図ろうとする動きもみられた。

　本節の以下では，ベトナム北部に立地する日系機械金属系企業の存立形態を，とくに生産機能上の観点から，論述していくことにしよう。

＊ここでの説明は，2013年6〜7月に筆者が行ったアンケート調査の結果に基づいている（「ベトナムにおける日系進出企業（機械金属関連製造業）の国際分業・生産体制に関する調査」）。アンケート発送総数299通，有効回答53通。地域別内訳はベトナム北部37，中部なし，南部16で，ベトナム北部からの回答が7割を占める。したがって，本章ではこの調査結果をもって，近似的ではあるが，ベトナム北部での進出日系機械金属系企業の事業概況を示すものと捉えている。

まず，使用素材は輸入が大半を占める。輸入先は日本からがもっとも多く，ついで中国，タイなどである。他方，市販部品は現地調達が進んでいる。調達先としてはベトナム民営企業がもっとも多く，日系進出企業，台湾系進出企業が次ぐ。ベトナム企業からの調達品には，金属関連部品やプラスチック成形品が部分的に見られるものの，段ボール箱・ラッピングテープ等の包装資材，発泡スチロール，ビニール袋やプラスチック袋，軍手などの作業用手袋，事務用品等々がほとんどで，製品・商品そのものの機能に直接関わるものは含まれない。

外注工場の活用については，3年前に進出企業のおよそ4割に留まっていたのが現在では6割に高まっている[1]。外注工場の国籍別に3年前と現在とを比べてみると，ベトナム民営企業と日系進出企業とを活用している，またはその活用を進めようとする様子が示される。そのことは，コストなどの点から日系企業への依存度を減らしつつ，ベトナム民営企業についてはQCDの面から慎重に見極めつつ利用していこうとする企業行動を反映している。また，今後1〜3年間に育成が必要な業種は，機械加工品，メッキ加工品，プレス加工品などである。今後1〜3年間に外注先として育成が必要な業種は，いずれも基盤的技術群が指摘されている。

主要な販売・輸出先について，3年前，現在，今後（1〜3年後）を比較すると，これまでと同様に今後も，日本とベトナム国内市場を重視しつつも，タイを中心とするASEAN各国への傾斜を強めている。さらに，進出日系企業は当該工場を今後1〜3年間にどのようにしていくのだろうか。これによると，拡張する予定との回答が多い。単なる増産よりも，むしろ新たな生産・加工品に着手していくとの方針が示されている。このような拡張方向は，既存工場からベトナムへの生産移管方針からも見ることができる。日本と中国からの生産移転を考える件数が同数で，中国での操業継続になんらかの不安や見直しの必要

---

[1] ここでの回答には，現在では稼働しているが3年前にはまだ操業していなかった企業が含まれていることに注意する必要がある。

性を考えている企業が多い。また，人件費高騰もあり，タイからベトナムへの移管予定が見られ，ASEAN域内での生産機能の立地調整が進められていくだろう。ただ，他国からベトナムへの生産移管を予定すると同時に，ベトナムから他国への生産移管を検討している企業も見られる。日本，中国，タイからベトナムへ生産移管を進めながら，インドネシアなどのASEAN各国へはもちろんのこと，日本や中国にも再移管を進めていこうとする企業がかなり見られる。つまり，日本や中国からベトナムに生産集約が一方的に進められているのではなく，特定の生産機能に関しては再び日本や中国に戻すことも検討しながらも，さらに労働集約的な工程についてはASEAN諸国の他地域に生産機能を再移転するなど，重層的かつ輻輳した国際的生産分業の再編が進展している。

ところで，ASEAN経済統合が2015年・18年に実現予定である。ベトナムの場合，自動車部品等の一部品目では2018年とされているが，2015年ASEAN域内関税の撤廃によるベトナム製造業に対する影響はいかなるものであるのか。「ASEAN周辺諸国との分業関係の再構築が進むだろうが，当社にとってのマイナスの影響は部分的である」との回答が多いものの，他方で，「むしろプラスの影響」もかなり見られる。2015年の影響は，ベトナムの製造業にマイナスの影響をもたらすと懸念されることも多いが，本調査ではむしろ肯定的なプラスの影響を受けるだろうと考える企業が多かった。

第3節　ASEAN立地を活用する日系進出中小企業

ベトナムの北部では，先述してきたように，バイク組立企業や家電及び事務用機器メーカーを頂点とするサプライチェーンがある程度までは築かれており，それらの裾野産業分野を担う基礎的技術群も一通りが揃っている。ただし，産業集積の厚みという点で言えば，日本など東アジア諸国に比べると及ぶべくもないし，タイとも比べようないのが現実である。

本節では，ASEAN立地を活用するベトナム北部での機械金属関連の日系進出中小企業の事例を中心に紹介してみたい（以下の4社の事例のうち，二番目

の事例のみ大企業である)。

《急増する金型需要に同業者間での連携を進めながら対応を図りつつ，ベトナム工場では大幅な設備増強投資を行うとともにフィリピンでの工場新設によりいっそうの分業を展望》

　群馬県に親会社があるベトナムのプラスチック成型加工用金型専業メーカーは，金型の設計・開発から製造，アフターサービスまでの業務をこなしている。ベトナム工場は年間で150～200の新しい金型を製作しているものの，ベトナムではローカルの金型メーカーがおよそ27社しか存在していないために，ベトナム国内で沸騰する金型需要をこなしきれない（2013年8月1日でのベトナム法人面談）[2]。さらに，ベトナム国内のみならず，とりわけタイでの金型市場が急拡大している。このようなASEAN域内で急増する金型需要の獲得を目指して，当社は同業者間での連携強化（日越金型クラブの発足－本書の第5章第8節も参照してほしい－）を進めている。また，ベトナム工場では2014年に3億円の新規設備増強投資を行うとともに，2015年にはフィリピンでも金型工場を設立し，ベトナム工場と相互間でのネットワークを構築することにより，ASEAN統合深化にともなう金型需要拡大に対応しようとしている。

《日本・タイで設計・開発をすすめ，ベトナムではコストパフォーマンスを重視。したがって，ローカル企業の発掘・育成が課題》

　日本の親会社は，世界11カ国に現地法人26社を抱えるグローバル企業であり（従業員数は，単独が1,714名，連結では13,642名に上る＜2015年3月31日現在＞），アジアではタイ3，インド2，そしてインドネシア，ベトナム，台湾にそれぞれ1法人がある。この親会社の売上額（連結）の75％が自動車や

---

[2]　この27社はあくまで同社現地法人社長（当時）が把握している金型関連としての企業数であり，正確な数字ではないかも知れない（同社インタビューより＜2013年8月1日＞）。また，ベトナム国有企業のなかで内作しているケースがどの程度あるのかも不明である。

二輪用の計器類である。

　ベトナム法人では，販売額でみて，9割以上がバイクの主要組立メーカー向けである。ホンダ・ベトナムのバイク用スピード・メーターの99％以上が当社製である（2014年2月12日でのベトナム法人面談）。OEMメーカーの当社は，ホンダやヤマハとの共同開発をすすめ，開発時点よりデザイン・インを行っている。すなわち，客先からのコンセプトの提示を受けて，当社が構造設計を行い，設計図の承認を受けてのち，生産に着手する。設計・開発は基本的には日本とタイの現地法人で行われる。そのうえで，ベトナムの当社に求められるのは，構造，材料，見栄え，色遣いの提案であるが，基本的には品質の良いものを生産性良く，低コストで，納期通りに必要なだけ生産することにある。

　ベトナム工場の外注先は約30社と多い。その半分はベトナムのローカル企業であり，残りは日系と台湾系である。ただ，ここで注意が必要なのは，日系のベンダー事情がタイやインドネシアと大きく異なることである。すなわち，タイやインドネシアでは主要顧客のコスト上のライバルがヤマハであるが，ここベトナムにおいてはヤマハのみならず，中国や台湾のメーカーとも競争しなければならない。ベトナムで日本からの輸入品や進出日系企業製の部品を使えばコストパフォーマンスが悪くなる。したがって，当社では外観等の一部非機能部品（機能に直接関係しない部品）については，品質やマネジメントの指導を行ったうえで，できるだけローカル企業から調達したいとしている。なお，現在の現地調達率は内製と国内調達を合わせて50数％に留まる。

《進出日系自動車メーカーよりタイからの調達部品にサブアセンブルを求められるも，付加価値が低いために仕事を辞退しているプレス金型メーカー》

　ベトナムではバイク部品向けのプレス金型製作でほぼ100％という金型メーカーは，現在の社員数が13名（社長を含む）という小企業である。当社は2011年11月より開業しているが，この地への進出理由について，ベトナム北部にはヤマハやホンダというバイク関連のビジネス・チャンスがあるかもしれ

ないと考えたこと，現在のベトナム法人社長が北部事情に詳しいこと，そして優秀なベトナム人研修生の故郷がハノイ郊外であったこと，さらに自動車関連の仕事も獲得したいとの希望もあったという（2013年2月28日でのベトナム法人面談）。

　ベトナム国内での日系自動車メーカーのプレス金型調達は，基本的にはベトナム国内からではなくてタイからになるという。とはいえ，そのような調達行動ではベトナムでの自動車メーカーの現調率が向上しない。そこで自動車メーカーは当社に対して，タイから輸送されてきた単体プレス部品に溶接を施すサブアセンブルを求めてきた。とはいえ，このような溶接賃加工では当社としては商売にならず，また溶接を施したサブアセンブル部品では運搬時に嵩張るので"空気を運ぶようなもの"であって付加価値が低いために，このような仕事は引き受けていない。

　分業の構図としては，タイ・プラス・ワンの事業展開になるのだが，ベトナム所在日系中小企業が低付加価値工程の受注獲得には必ずしも満足しない事例である。

《唯一の高周波熱処理専業メーカーとしての特徴を活かし，タイの自動車部品市場を獲得。また，ベトナム企業や進出台湾中小企業との間で仲間取引を展開》

　一方，日本企業のタイ・プラス・ワン戦略をビジネス・チャンスととらえ，その動きに積極的に応えようとしている熱処理メーカーがある。

　2011年9月より本格的稼働を開始した当社は，ヒアリング当時（2012年8月21日ベトナム法人面談）は操業間もないこともあってヤマハのサプライヤーからバイク部品であるカムシャフトの熱処理のみを受注するに留まっていた。ただ，ヒアリングの翌月には月産5万4千個の量産受注が確保できている。当社の強みは，熱処理技術のなかでも，ベトナムではただ1社しかない高周波熱処理の専業であることによる。したがって，"仕事は一気に増える見込み"で，2012年末にはドライバーシャフトなど自動車部品に高周波熱処理を施したう

えで月間1万5千個というボリュームでタイへ輸出される。

　さらに，注目されるのは，この日系中小企業がローカルのベトナム企業や進出台湾系中小企業との間で仲間取引を行っていることである。当社が高周波熱処理を専門とし，浸炭焼き入れや真空焼き入れの設備がないために，これらの熱処理に関しては近隣のこれら中小企業に外注し，熱処理加工の最終的な品質保証を当社が行ったうえで出荷している点である。つまり，ここでは柔軟な仲間取引ネットワークが存在しており，このことがタイ・プラス・ワンへの動きを当社のビジネス・チャンスととらえることのできる背景にあると思われる。

　これらのベトナム進出日系中小企業の動きをみると，いずれもベトナム工場の位置付けをベトナム国内のなかだけに留めおいて考えていないことに気付く。どの事例も，タイやインドネシア，フィリピンなどASEAN各国での生産拠点や受注先企業との地域間・工程間・付加価値間での生産分業を積極的に進めながら，縦横無尽のサプライチェーンがベトナム北部において構築されているのが示される。そのことは，ベトナムが日本などからの製造業直接投資の受け皿としての役割を積極的に担ってきたことにより，ASEANものづくり機能のなかでのベトナムのハブ機能が小さいながらも向上してきたことを示す。

　ベトナムに進出している日系中小企業の日本人幹部に面談すると，ベトナムでのものづくりが日本のものづくりと親和性・補完性・一体性の高いことを強調する場面に出くわすことが多い。ベトナム人の性格・考え方や学習意欲の高さに"惚れ込んでいる"経営者の数多いことがその理由である。

第4節　勃興するベトナムの地場ローカル企業

　それでは，ベトナムには進出日系製造企業の外注先となりうる地場のローカル中小企業がどの程度存在するのであろうか。ベトナムで中小企業数を把握するのはかなりの困難がつきまとう（前田（2014b），18〜20頁）。ベトナム資本による家族経営・自営業の多くが未登録であることと，倒産や廃業など消滅

した企業の登録抹消手続きがなされていないなどのためである。ベトナム中小企業白書2014年版より，2012年の数字を見ると，企業数全体（約33万3千社）のなかで，マイクロ企業，小企業，中企業の合計でおよそ32万5千社と全体の97.5％を占める[3]。主要地域ごとに企業数の推移をみると，南東地域，紅河デルタそして北中部・中部沿岸地域に企業が集中している。そして，その集中傾向は年とともに加速化している。

ところで，ベトナム工業化への道筋について，2013年に公表されたベトナム政府の文書では，越日協力の枠組みのなかで，その発展モデルをこれまでの広範型から深化型へ移行させることの重要性を強調する（計画投資省（2013），1頁）。

あらためて述べるまでもなく，これまでのベトナムの工業発展が諸外国からの直接投資導入により一定の成果がもたらされていることは間違いのない事実である。そして，ASEANなどでの経済統合が進むなかにおいて，近年ではタイなどが外資導入政策の見直し等を進めることにより，誘致対象とする業種や当該企業の機能についてそれを従前の総花的対応から投資優遇対象を重点分野に絞って行うなどの対応に切り替えている（例えば，「日本経済新聞」2015年9月25日付）。

このような状況下において，この政府文書では2020年までにベトナムが具体的行動をすすめる6つの業種（農水産品加工産業，農業機械産業，電子産業，造船産業，自動車・自動車部産業，環境・省エネ産業）を選定している（計画投資省，前掲，11〜12頁）。そして，2020年から2030年までは，下流・中流産業（最終製品製造ならびに部品製造）と上流産業（石油化学，鉄鋼，電力，ガス，エネルギー等）やサービス産業との間でのリンケージ強化に努めるべきという。これによって，下流産業の国際競争力が高まり，「深化型の発展モデ

---

[3] ベトナムは2009年に初めての中小企業白書を公表し，第2号が2011年，そして第3号が2014年に刊行されている。

ル」の実現が期待できるとする（同，14頁）。

　本章では，ベトナムの経済発展戦略そのものについて，すなわち「深化型の発展モデル」の是非をここで直接に議論しようとするものではない。ただ，われわれは，ベトナムがあくまでもものづくり立国を基本とし，そこにあっては「技術の集積構造」を前提に考えるとすると，たとえリーディング産業の交替があろうとも，基盤的技術群の重要性は大きく変わるものではないことの意味を今一度再確認すべきだろう（関（1993）を参照）。ここにおいてもやはり，基盤的技術分野を担う日本からの製造業分野での中小企業投資誘致の重要性をいくら強調してもしすぎることはない。上流での装置産業型大規模投資が重要であることは明白であるが，ただそのことをもってしても，「中流域」での部品中小企業や加工中小企業の投資誘致はこれからも一層の重要性を増すことは疑いない。着実な雇用創出と技術移転を生むのは装置産業型大規模投資もさることながら，それよりむしろこういった中小企業投資によるところが大きい。その一つ一つのもたらす規模と知名度は「上流域」での大規模な開発案件にはるかに及ぶべくもないが，日系中小製造企業のベトナム・ローカル企業との取引関係の強化を通じて，それはまさしく市場取引を媒介して，ローカル企業の側でのQCDが飛躍的に向上する。そして，その積み重ねによってベトナム企業が競争力強化を進めていくことにより，彼ら自身の力によって経済グローバル化の荒波を乗り越えていくしかない。

　アジアでの産業発展の道筋が，これまでのキャッチアップ型工業化を中心としたものから（末廣（2000）および同（2014）），今後もそのようなキャッチアップ型経済発展が主たる潮流であることに変わりがないとしても，例えば固定電話の定着がないところでの携帯電話の普及などに見られるように，「圧縮型」ないし「蛙飛び」発展の経路にも備えておく必要がある。とすれば，ベトナムにおいて今後育成がますます必要になってくるのは，リーディング産業がどのようなものになろうとも，その産業基盤の底辺を形成することになる基盤的技術分野の中小企業ということになるのでないか。基盤的技術分野を担う部品や加工などの中小企業群の産業集積の厚みの充実とグローバル事業展開を図

るIT産業の振興は，例えば台湾でのEMS事業の開拓などを通じて経済発展の契機をもたらしたことが参考になると思われる。

　近年のベトナム北部では，日系企業が求める品質レベルで金型産業が緩やかながらも成長しつつある。ベトナムではかねてより金型産業の育成には有利な環境にあると指摘されてきたが，ここにきてようやく成長の兆しを感じ取ることができるようになった（前田（2014b），33～37頁を参照）。

　とはいえ，ベトナムでの基盤的技術分野の中小企業がおしなべて今なお依然として低い水準に留まっていることは否めない事実である。ここでは，近畿経済産業局が，鋳造，ダイキャスト，鍛造，プレス，プレス金型，プラスチック金型，熱処理の7技術分野について，日本の技術レベルを基準とした評価をまとめた報告書から，紙幅の関係上，金型についての説明のみを紹介しておこう（近畿経済産業局（2013），12～14頁を参照）。本報告書では，ベトナムでの金型に関わる技術について，それを次のように言及している。

　─金型に係る技術においては，樹脂成型，ゴム成形，プレスの分野にニーズがある。樹脂成型の一部や，ゴム成形の金型は，ローカル企業でも対応し始めているが，プレスや精密な樹脂成型金型については，外資系企業が対応している。

　ここでは本報告書より，技術項目，技術レベル，技術評価，ベトナムでの日系企業のニーズをそれぞれ表2-3のようにまとめていることを見よう。なお，ここでの技術レベルについては以下の5段階で整理されている。

　　Aレベル：ベトナムにほとんど存在していない技術
　　Bレベル：ベトナムに立地した外資系企業が対応している技術
　　Cレベル：ベトナムの現地企業でも，対応し始めている技術
　　Dレベル：ベトナムで一般的になりつつある技術
　　Eレベル：ベトナムで過当競争になりつつある技術

　さて，樹脂成型のニーズに関して言えば，ベトナムでは日用雑貨品等のため

の射出成型が多く，それらのための金型製作が盛んである。また，二輪・家電の部品製造のための金型は技術的に問題がないとされる。日系企業での勤務歴を有する経営者もおり，日系企業向けの金型も製作している。そのような企業では，CAD/CAM/CAEも活用され，新鋭工作機械が導入されている。現在，射出成型，ブロー成形，押出し成型についてはベトナム国内で対応可能だが，特殊な形状，高精度なものに関してはローカル企業でこなすことはできない。

表2-3　ベトナムでの金型技術の評価

大分類	技術項目	技術レベル	技術評価	ベトナム日系企業ニーズ
プレス	順送型	B	1970年代	あり
	トランスファー型	B		あり
樹脂成形	二色成形	B	1970年代	あり
	FRP成形	B		あり
	圧空成形	B		あり
	回転/スラッシュ/ディップ成形	B		あり
	薄肉成形	B		あり
	発泡成形	BC		あり
	アウトサート成形	C		あり
	インサート成形	C		あり
	真空成形	C		あり
ゴム成形	コンプレッション成形	C		あり
	インジェクション成形（射出成型）	C		あり
	トランスファー成形	C		あり

（出所）株式会社ブレインワークスの作成になるもの（近畿経済産業局（2013），14頁より転載）。

ゴム成形については，靴や運動用品など日用雑貨はベトナム国内で生産しているが，工業製品用は日本から輸入している。さらに，金属プレスの分野では，プレス加工メーカーのほとんどで金型が内作されている。しかし，高度な技術を必要とする金型は輸入されている。そして，順送型・トランスファー型では製造企業が少なく，ニーズも高い。

　このように，緩やかな歩みではあるとはいえ，ベトナムでは基盤的技術分野

での中小企業が次第に増えつつある。ここでは，ベトナム北部で飛躍的に成長を遂げているベトナムのローカルメーカーの事例をいくつか見てみることにする（以下のベトナム企業の詳細については，前田（2015）も参照してほしい）。

《金型生産のコストがタイや中国より低いことを活用して，タイ・ホンダ向けに金型半製品の輸出取引に着手》

　2000年に当社が設立された当時は輸入鋼材の加工業務が中心であったが，2010年からはプラスチック成型加工用金型ならびにプラスチック製品の製造販売に乗り出している（2013年7月31日面談）。当社のプラスチック部品は，例えばキヤノンのプリンターの内蔵部品に組み込まれている。

　当社の主要顧客には多くの日系企業が含まれるが，その取引先開拓に関しては創業者自身の営業活動によるところが大きい。現在の従業員数は190名で，金型部門が31名，残りはプラスチック部品製造と間接部門である。当社は，2012年よりタイ・ホンダ向けに金型半製品の輸出に着手している。

　なお，ASEAN経済統合によるベトナム金型産業への影響を創業者に尋ねたところ，次の3点で心配ないとのことであった。第一に，中間財としての金型産業は最終製品の生産現場と近接したところに立地しなければならない。金型の輸入では距離的かつ時間的に問題がある。さらに，現在では，金型部品の輸入関税は賦課されているものの，金型完成品の関税はすでにゼロである。第二に，金型生産のコストはタイや中国より低い。第三は，キヤノンやサムスン電子などベトナムに立地する大規模組立企業はベトナムのローカル企業から金型調達ができなければ彼ら自身が困ることになる，からである。

《ホンダ・ベトナムの正式なサプライヤーとなることを弾みとし，ホンダ・フィリピンへの輸出も開始》

　バクニン省のクエボ工業団地Ⅱにあるバイクと自動車の部品製造企業は1998年に創業された。友人4～5人で，自己資金を出しあっての会社設立である。設立当時，社長は41歳であった（2013年7月31日面談）。

創業以来，当社は外資系企業向けの製造を中心とし，2008年9月よりホンダ・ベトナム子会社との取引に着手することができた。現在の主力製品はバイク用のステップ（足置き）であり，製品をホンダ・ベトナム子会社に販売し，客先がそれにゴムを被せたうえでホンダ・ベトナムに納入する。

　その後，2011年5月にはホンダ・ベトナムの正式なサプライヤーとなることができた。以来，当社はホンダにとって，品質と納期の両部門でトップ・サプライヤーの地位を保ち続けている。また，2013年2月にはピアッジョ・ベトナムの正式サプライヤーにもなった。さらに，2011年3月にはホンダ・フィリピンへの輸出に漕ぎ着けることができた。

　注目されるのは，当社が明確な理念とビジョンを次のように定めていることである。①市場で求められる製品づくりに努める，②全従業員が先端技術，製品・サービスのマネジメント，品質管理システムの応用に努める，③開発志向の高品質で価格競争力を備えたサプライヤーを目指す，④世界的販売網の構築を目指す，としている。私はこのところベトナムでローカル企業の訪問を続けているが，企業経営の理念とビジョンについてこのように明確に掲げるところに出会うことは珍しい。

《台湾系企業で技術経験を積んだのち，2007年にホンダの一次サプライヤーに認定。品質優秀賞も獲得。ホンダ・バイクの金属フレームではローカルサプライヤーのなかでトップの地位を獲得》

　創業者である二人の兄弟（現在の会長と副社長）は台湾系金属加工企業などでともに数年間勤務した（2012年8月21日と2014年2月11日の二度面談した。なお，現在の社長は兄の夫人＜会長の義理の姉＞である）。この台湾系企業は，ホンダ，ヤマハ，フォード，ピアッジョをエンドユーザーとする技術力あるメーカーであり，当社現会長はこの台湾系メーカーの会長補佐として働くことで技術経験を積むことができた。

　2005年の当社創業時はレンタル工場での開業であったものの，翌2006年には現在地に移転した。さらに，2007年7月には早くもホンダの一次サプライ

ヤーとして認定されるほどの品質管理能力を向上させることができた。ホンダの正式なサプライヤーになるためには厳しい企業評価に合格する必要があり，それにもかかわらず当社がその認定を半年間で受けられたことはその後における発展の大きな原動力となった。同社は以後，ISO9000，ISO14000，TS16949（自動車部品向けの規格）を次々と取得していく。そして，2010年，2011年にはホンダの品質優秀賞を獲得することができた。

　また，2009年にはベトナムのホンダ子会社がその事業内容をバイクの金属フレーム製造から鋳造へと転換させるに伴い，従来の金属フレーム生産については当社を含む4社に委ねるようになったことも当社の発展をもたらす原動力となった。他社がホンダからの受注増のために品質と納期を急速に悪化させたために，当社の売り上げは飛躍的に向上していった。現在では，ホンダ・バイクの金属フレームの過半以上を当社が受注するに至っている。

　当社はホンダへ，直接納入分と日系一次サプライヤー経由の分を合わせて，当社製品の85％以上を供給している。ベトナム北部のこのベトナム企業は高い品質を維持しつつ，顧客からの信頼を獲得できている

《情報共有やKAIZEN提案を通じて，当社から40〜50kmの範囲で40社以上の部品サプライヤーを育てた農薬噴霧器メーカー》

　農業機器の組み立て・販売ならびに肥料・農薬の販売を行うこの企業は，ベトナムでは数少ないローカルの地場農業機器メーカーである（2014年2月11日面談）。ベトナムにおいて，農薬の噴霧器を製造しているのは当社だけであるという。ただ，噴霧器での当社のベトナム市場獲得率は40％に留まり，残りは台湾や中国からの輸入品である。

　2002年に設立された当社は，当初，農薬や肥料の梱包作業に従事していたが，2009年からは農薬噴霧器の組み立てに着手した。しかしながら，アセンブルに従事しはじめた頃は，困難に直面した。第一は，品質管理ができていなかったことである。当時は1年間で5000台しか製造できなかったという。そこで，社長以下が海外で研修を受け，さらにJICAシニアボランティアによる

生産管理や5Sなどの指導を受けた。第二は，ベトナムで優れた部品サプライヤーを見つけにくかったことである。とはいえ，サプライヤーとの情報共有やKAIZEN提案を通じて，ローカル企業のQCD改善が進み，今ではこの工場から40〜50kmの範囲で40社以上の取引先が存在するまでになった。現在では，8〜9割の部品はベトナム国内で調達可能である。

　ここでのいくつかの事例からは，ベトナム北部での急成長企業の多くが，ベトナムに進出しているホンダなどの日系企業や日系一次サプライヤーと直接であれ間接であれ取引可能であるという事実である。この地に進出した日系企業と直接取引が可能になれば，急速に成長する潜在的な可能性が今のベトナムには存在すると思われる。あるいは，進出日系企業との直接取引はまだできなくとも，日系企業やJICAシニアボランティアなどの日本人技術者の指導を受けることで，QCDなどの面で競争力が飛躍的に向上する可能性が胚胎している。事例では，ホンダなどのグローバル事業展開の網の目のなかでこの動きに機敏に対応することで，ベトナム企業の側での事業拡大のチャンスが生まれてきていることを明らかにした。

　ベトナムでは30〜40歳くらいまでの比較的若い層の経営者に日本での留学や勤務歴の経験を有する者が多く，日本のものづくりの卓越さについて肌身で感じとっている。また，40〜50歳代前半の経営者にはソ連（当時）や東欧への留学経験を持つものも少なくなく，ものづくりについての基礎的知識を修得している。ベトナム北部のエリート大学卒業生が，国際経験を身に着け，グローバル環境のなかで続々と創業に踏み切っている。この地では，グローバリゼーションの世界的潮流にいち早く適合しつつ，創業後での失敗にも関わらず再び積極果敢に新規事業に着手し，あるいは事業内容や生産・加工品目を市場のニーズにあわせて巧みにシフトしながら成長している企業が見られる[4]。

---

(4) 彼ら・彼女らは，けっしてひよわなエリートではなく，粘り強く事業を持続的かつ積極的に展開していこうとする起業家である。少なくともベトナム北部では，「エリート資本主義」とも呼ぶことのできる可能性の萌芽が確認できる（前田（2015）を参照）。

第5節　おわりに

　2020年での工業国入りを実現すべく，ベトナムでは現在のところ，日本など諸外国からの積極的な資本導入に努めてきた。そのこともあって，今日では一定の経済成長を実現しているのは衆目の一致するところである。

　ただ，それにもかかわらず，今日のベトナム経済では依然として自生的かつ自律的な経済発展プロセスをなかなか窺い知ることができない。そのような状況に直面して，「上流域」と「下・中流域」とのリンケージ強化論も打ち出されている。

　しかしながら，われわれは本章において，基盤的技術分野を担う日本からの製造業分野での中小企業投資誘致の重要性をあらためて強調した。上流での装置産業型大規模投資が重要であることは明白であるが，そのことをもってしても「中流域」での部品中小企業や加工中小企業の投資誘致はこれからも一層の重要性を増すことは疑いない。着実な雇用創出と技術移転をもたらすのは装置産業型大規模投資もさることながら，それよりもむしろこういった中小企業の製造業投資によるところが大きい。規模や知名度では及ぶべくもないが，ベトナム・地場ローカル企業との取引関係の強化を通じて，まさしく市場取引を媒介することにより，ベトナム企業のQCDが飛躍的に向上する。そのことの積み重ねによって，ベトナム企業が競争力を増し，世界市場で生き延び発展していく以外に道はない。

　また，ここではベトナムの北部では緩やかながらも基盤的技術分野を担う地場のローカル中小企業が続々と誕生していることを明らかにしてきた。とはいえ，それらは産業集積の厚みには乏しく，まだまだこれらローカル中小企業の育成と支援が望まれる。さらに，2015・18年に完成が展望されるASEAN経済共同体（AEC）のもとで，アジア大での分業構造の再編が急速に進んでいくものと展望される。現地に進出している日系企業の国際生産分業関係も重層的かつ輻輳的に進んでいくと考えられる。日系の製造企業などでは，チャイナ・プラス・ワン戦略やタイ・プラス・ワン戦略とも相まって，ベトナム各地

での製造機能の設置・拡充・再編に努めている企業が多い。

【参考文献】
池部亮（2013）『東アジアの国際分業と「華越経済圏」—広東省とベトナムの生産ネットワーク』新評論。
大野健一・川端望編（2003）『ベトナムの工業化戦略—グローバル化時代の途上国産業支援』日本評論社。
近畿経済産業局（2013）『平成24年度 中小企業のベトナム展開のための現地ワンストップサービスの整備及び裾野産業支援等に向けた調査研究』
経営労働協会監修，関満博・池部亮編（2006）『ベトナム／市場経済化と日本企業 増補版』新評論。
計画投資省（2013）『プロポーザル 越日協力の枠組みにおける2020年に向けたベトナム工業化戦略及び2030年へのヴィジョン（仮訳）』。
国際協力銀行（2014）『ベトナムの投資環境』。
ジェトロ・ハノイ（2010）『ベトナム優良企業（北・中部ベトナム編）—金型，プラスチック加工，金属加工，精密部品，機械，電子・電気部品，メッキ，他（第2版）』OCTOBER。
ジェトロ・ハノイ（2010）『2010年ベトナム一般概況～数字で見るベトナム経済～』。
ジェトロ・ハノイ（2014）『ベトナム北中部日系製造業・関連商社サプライヤーダイレクトリー』。
ジェトロ・ハノイ（2015）『2015年ベトナム一般概況～数字で見るベトナム経済～』。
末廣昭（2000）『キャッチアップ型工業化論—アジア経済の軌跡と展望』名古屋大学出版会。
末廣昭（2014）『新興アジア経済論—キャッチアップを超えて』岩波書店。
関満博（1993）『フルセット型産業構造を超えて—東アジア新時代のなかの日本産業』中公新書。
トラン・ヴァン・トゥ（2010）『ベトナム経済発展論—中所得国の罠と新たなドイモイ』勁草書房。
日本貿易振興機構海外調査部アジア大洋州課・中国北アジア課（2012）『在アジア・オセアニア日系企業活動実態調査（2012年度調査）』。
藤岡資正編著（2015）『日本企業のタイ＋ワン戦略—メコン地域での価値共創に向けて』同友館。

ブレインワークス（2014）『ベトナム成長企業50社 2014年度版—ハノイ編』カナリア書房．
ベトナム開発フォーラム（2006）『日系企業から見たベトナム裾野産業』ベトナム開発フォーラム（VDF）報告書，No.2(J)．
前田啓一（2013a）「ベトナム北部日系工業団地における日系中小企業の事業展開について—ハノイ市とハイフォン市を中心に」『同志社商学』第64巻第6号．
前田啓一（2013b）「国際的時間制約下におけるベトナム経済の課題について」『大阪商業大学論集』第173号．
前田啓一（2014a）「ベトナムのスーパーものづくり」『Sing』SUS株式会社，第26号．
前田啓一（2014b）「ベトナム中小企業政策の現況と北部での基盤的技術分野の勃興について」『地域と社会』大阪商業大学比較地域研究所．
前田啓一（2014c）「直接投資と工業化・中小企業形成」『日本中小企業学会論集 アジア大の分業構造と中小企業』第33号．
前田啓一（2015）「ベトナム北部機械金属系中小製造業の勃興と創業者の基本的特徴について—エリート資本主義の萌芽か」『同志社商学』第66巻第6号．
Ministry of Planning and Investment (2011, 2014), Agency for Enterprise Development, *White Paper on Small and Medium sized Enterprises in Viet Nam*.

（前田啓一）

第3章

ベトナム南部進出日系企業の現状とベトナムの裾野産業育成

第1節　はじめに

　前章でみてきたように，ベトナム北部は機械金属系から電気電子系の日系企業の集積が見られるわけであるが，南部の特徴は何であろうか。

　ホーチミン市を中心とするベトナム南部は，かつては，通称「南ベトナム（ベトナム国，のちにはベトナム共和国）」の首都としてアジアを代表する大都市サイゴンとして経済発展した歴史的経緯を背景として，十数年間のゼロ成長の時代を経た現在でも，ベトナムで最も重要な経済圏を形成している。2014年の一人当たりGDPは，全国平均が2,053ドル，ハノイ市が3,348ドルであるのに対して，ホーチミン市が4,986ドルであることからも明らかな様に，ベトナムにおいてホーチミン市の経済発展レベルは突出している。

　そして，中国に隣接する北部地域では中国とのサプライチェーンを活かした事業にメリットがあるのに対して，ASEANの中心に位置する南部は，旺盛な国内消費地としての南部の特徴と，将来のASEANのハブとして有望な製造拠点としての特徴を最大限に活かすような外国直接投資が集まっていると言える。以下にその状況を見ていく。

第2節　日系企業の進出動向

1. ベトナムへの注目

　リーマンショック以前は2,000件弱程度であった世界からの直接投資認可件数（新規・拡張）は，2008年に1,163件まで減少したが，その後は順調に上

図3-1 世界からの対ベトナム直接投資〔認可ベース（新規・拡張含む）〕

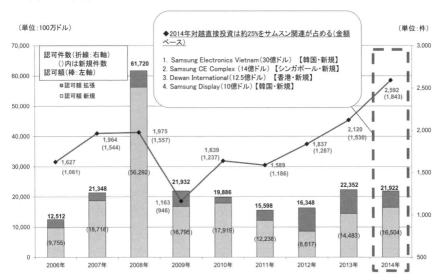

（出所）FIA（外国投資庁）データをもとにジェトロ作成（認可取り消し案件も含む）。

昇を続け、2014年には2,592件まで増加した。2010年以降は投資認可額（新規・拡張）は200億ドルの前後で安定的に推移している（図3-1参照）。

国・地域別の比較を見てみると、2013年までは日本からの投資認可額が一位であったが、2014年は韓国が認可額、件数ともに日本を圧倒している。これはサムスンが携帯電話等の巨大な製造拠点として集中的に投資したことと併せて、韓国の中小サプライヤーが大挙してベトナムに投資したことが大きな原因である。結果として、日本は件数では517件で2位であるが、認可額では4位となっている（表3-1参照）。

2. 近年の日系企業の進出動向

さて、日系企業の進出動向を見てみる（図3-2参照）。2008年にニソン製油所への投資で突出した伸び（三井化学・出光興産・クウェート国際石油・ペトロベトナムの62億ドル）を示した直後のリーマンショックのために2009年に

表3-1 国・地域別比較（新規拡張合計）

- 2014年は韓国が投資額で全体の35.1%を占め、前年に引き続き強い存在感を示す。
- 日本は投資額で対前年比60.9%減。

(件、100万ドル、%)

	2013年			2014年			
	件数	認可額	構成比	件数	認可額	対前年比	構成比
韓国	586	4,466	20.0%	815	7,705	72.5%	35.1%
香港	96	730	3.3%	143	3,036	315.9%	13.8%
シンガポール	179	4,769	21.3%	172	2,893	▲39.3%	13.2%
日本	500	5,875	26.3%	517	2,299	▲60.9%	10.5%
台湾	138	637	2.8%	171	1,229	92.9%	5.6%
英領バージン諸島	30	309	1.4%	56	790	155.7%	3.6%
中国	123	2,339	10.5%	143	497	▲78.8%	2.3%
マレーシア	32	148	0.7%	52	388	162.2%	1.8%
英国	24	194	0.9%	29	346	78.4%	1.6%
米国	55	130	0.6%	57	310	138.5%	1.4%
合計	2,120	22,352	100%	2,592	21,922	▲1.9%	100%

注：合計は「その他」も含む。
（出所）FIA（外国投資庁）データをもとにジェトロ作成。

表3-2 2014年での大規模投資（新規案件）

(単位：100万ドル)

	名称	認可額	事業内容	市・省	投資国
1	Samsung Electronics Vietnam	3,000	電化製品 製造・組立	タイグエン（北部）	韓国
2	Samsung CE Complex	1,400	ハイテク電子設備・ソフトウェア研究	ホーチミン（南部）	シンガポール
3	Dewan International	1,250	ニャチャン観光開発	カインホア（中部）	香港
4	Samsung Display	1,000	スマートフォン用ディスプレイ製造・組立・販売	バクニン（北部）	韓国
5	Texhong Ngân Hà	300	縫製・繊維産業	クアンニン（北部）	香港
6	Dai An Vietnam Canadian International Hospital	260	総合病院	ハイズオン（北部）	カナダ
7	Rent-A-Port	259	工業団地開発	ハイフォン（北部）	ベルギー
8	Texhong Hải Hà Vietnam	215	工業団地開発	クアンニン（北部）	香港
9	Sun Wah Group	200	不動産業	ホーチミン（南部）	香港
10	Ilshin Vietnam	177	繊維産業	タイニン（南部）	韓国

注：2014年データは12月15日までの速報値。
（出所）FIA（外国投資庁）データ，各社プレスリリース等をもとにジェトロ作成。

図3-2　日本からの対ベトナム直接投資〔認可ベース（新規・拡張含む）〕

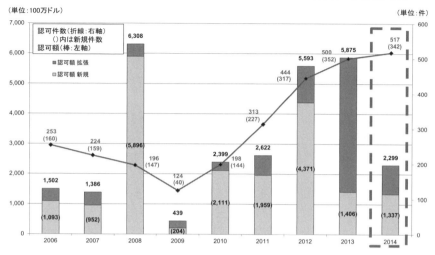

（出所）FIA（外国投資庁）データをもとにジェトロ作成（認可取り消し案件も含む）。

激減した後は，投資件数が順調に増加を続け，2014年は過去最高を更新して517件となっている。他方，順調に増加傾向にあってほぼ60億ドル程度まで伸びていた投資認可額は，2014年に23億ドルまで落ち込んだ。結果として2014年の投資件数は微増（+3％），投資金額は大幅減少（▲61％）している。

投資件数は増えているが，大規模な拡張案件が少なかったのは2012年末からの円安やアベノミクスによる日本経済の動向を見定めるための「待ち」姿勢のためではないかと推察される。他方で，ASEAN各国の投資環境が悪化傾向にあり，さらにTPP大筋合意で注目を浴びているベトナムの評価は今後さらに高くなるとすれば，ベトナムへの投資は，現在が踊り場で今後はもう一段の伸びが期待できるだろう。

そして，2014年の日本からの直接投資額の大きい地域を3つを取り出すとビンズオン省，ホーチミン市，ドンナイ省といずれも南部への投資である。

今度は，業種別にみてみる。まず大きなトレンドとして，製造業の割合がやや減少しているのが大きな特徴である。非製造業では，小売流通，コンサル

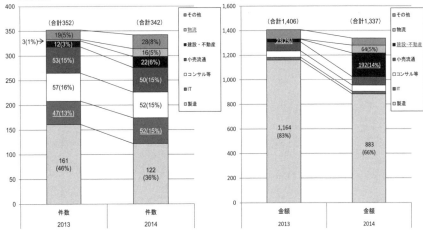

図3-3　日本からの新規投資の業種別比較

(出所) FIA (外国投資庁) データをもとにジェトロ作成。

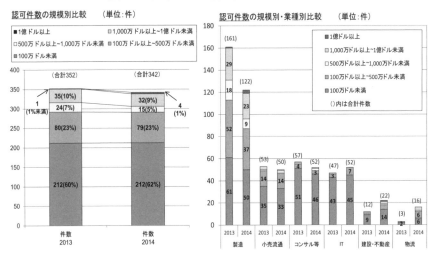

図3-4　日本からの新規投資の規模別比較

(出所) FIA (外国投資庁) データをもとにジェトロ作成。

ティング,ITが安定して多いほかには,特に2014年は,物流,建設・不動産が急に伸びている。

　これらによって投資の小型化が進んでいるのがわかる。これは,特に南部で言えることであるが,サービス産業の進出が多いことと,製造業においても大企業に比べ中小企業の進出が多いことが理由であろう。

3. 北部と南部の新規投資における違い

　新規投資の認可件数を地域別にみれば,概ね南部と北部でほぼ同様のトレンドで推移してきているが,特にこの3年ほどは南部が北部を上回っている。ただし,2014年は,件数,額ともに北部が伸びたのに対して,南部は北部よりいずれの水準も高いものの2013年に比べて減少している。

　それでは,2014年の新規投資における,非製造業の南北比較をしてみたい。

　北部では,建設・不動産が伸びた（4件⇒13件）ものの,長谷川コーポレーション（3,000万ドル）以外はいずれも小粒である。また,コンサルティング（14件⇒27件）,IT（12件⇒19件）,小売流通（23件⇒28件）ともに大幅に伸びている。これは,それまでのサービス産業の進出が南部に集中してきたため,それにやや遅れて北部へのサービス産業の進出が始まったものと理解されている。「その他」では,ベトナム東京医科大学案件（2,000万ドル）,上下水道案件（1,600万ドル）が増加に寄与している。

　南部では,建設・不動産（300万ドル⇒1億3,400万ドル）が大幅に伸びているが,金額が大きいのはイオンのホーチミン2号店（＝ベトナム4号店）案件である。また,物流が急増している（1件⇒14件）（200万ドル⇒4,300万ドル）のも顕著な特徴であるが,これはコールドチェーンなど倉庫投資の急展開によるものである。さらに,小売流通（22件）,コンサルティング（24件）,IT（31件）などは,件数・金額ともやや減少したものの高い水準を維持している。

　留意すべき点は,例えば在シンガポールの日系企業からのベトナム投資が,計画投資省の統計ではシンガポールからの投資に含まれるように,全ての日系

図3-5　日本からの新規投資の地域別比較

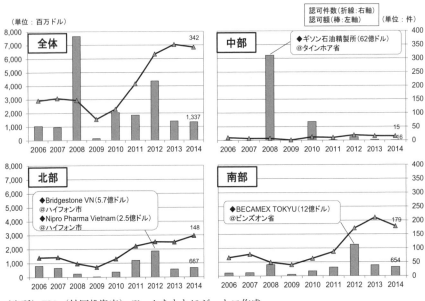

（出所）FIA（外国投資庁）データをもとにジェトロ作成。

企業に関連する投資がこの統計に出てくるわけではない。また、レストラン・理美容など一部のサービス産業は外国企業と国内企業の間で認可取得のための手続きに大きな差がある。このため、ほとんどのケースでベトナム人あるいは企業の名義貸しが行われており、日本からの外国直接投資としては統計に出てこない案件も多い。

第3節　進出日系企業が抱える課題

1. ベトナムのビジネス環境

　日系企業はベトナムの事業リスクをどのように捉えているのであろうか。
　この点についてJETRO日系企業調査（在アジア・オセアニア日系企業実態調査、2014年）の結果から見てみる。

表3-3 業種別認可（新規投資）件数・金額の南北比較

業種別認可（新規投資）件数の南北比較

(単位：件)

	北部			南部		
	2013年	2014年	増減	2013年	2014年	増減
その他	8	13	5	11	13	2
物流	1	2	1	1	14	13
建設・不動産	4	13	9	8	7	▲1
小売流通	23	28	5	30	22	▲8
コンサル	14	27	13	41	24	▲17
IT	12	19	7	33	31	▲2
非製造業合計	62	102	40	124	111	▲13
製造	63	45	▲18	87	70	▲17
合計	125	147	22	211	181	▲30

業種別認可（新規投資）額の増減

(単位：百万ドル)

	北部			南部		
	2013年	2014年	増減	2013年	2014年	増減
その他	15	45	30	59	10	▲49
物流	0	21	21	2	43	41
建設・不動産	21	58	37	3	134	131
小売流通	18	30	12	55	39	▲16
コンサル	3	11	8	41	39	▲2
IT	7	10	3	12	11	▲1
非製造業合計	64	175	111	172	276	104
製造	507	491	▲16	610	379	▲231
合計	571	666	95	782	655	▲127

(出所) FIA（外国投資庁）データをもとにジェトロ作成。

　第一に「制度の未整備・不透明な運用」がリスクであるとする日系企業は60.3％ある。具体的には，「法令内容の事前検討不足，実務との乖離」，「法令内容が曖昧かつ運用が不統一（省庁間，地方間，担当者間）」，「行政窓口への情報共有が不徹底，企業に対する周知不足」などの指摘がある。しかし，2014年に投資法・企業法が改正されて手続きの簡素化や条件付業種の大幅減少などが決定された。運用規定はまだ全て出尽くしていないため評価は難しい

が，大きなトレンドとして，行政手続きの透明化，簡素化に向かっており，今後の運用段階における透明性アップに期待したいところである。

　第二に「人件費の高騰」を挙げた企業が54.7％に上った。これまでベトナムは最低賃金を毎年上げてきた。最低賃金は地方の発展レベルに従って第一〜第四レベルに分かれる。例えばホーチミン市の工業団地は第一レベル。発展レベルの低い地域ほど賃金水準は下がる。また，第一地域の上昇率を見ると，2013年17.5％，2014年14.9％，2015年14.8％と上昇を続けてきた。2016年については，インフレ率が非常に低い（2015年11月時点で0.9％程度）こと等を理由に産業界の強い抵抗があり，12.9％となった。そもそもこの賃金上昇のトレンドは労働総連が2018年に400万ドン/月とすることを目標として最低賃金上昇を政府に強く求めており，それを反映した形で認められている結果である。当然ながら企業からは，インフレ率が5％以下で推移する中にあって，年率15％程度の最低賃金の上昇が継続的に行われるのは企業競争力をそぐものだとして，輸出加工型企業を中心に反対意見は強い。他方で，ベトナムの9,000万人市場の成長は内需型企業を中心として大いに期待するところでもあり，外資企業全体としては痛し痒しであるともいえる。

　第三に「行政手続きの煩雑さ」を挙げた企業が52.7％，第四に「税制・税務手続きの煩雑さ」を挙げた企業が51.6％に上る。具体的には，「非公式手数料を要する（税関，消防，環境）」，「審査期間が不明瞭」（投資ライセンスの変更・更新），「審査基準が不明確」（サービス業・商社の投資ライセンス），「登録書類の多さ」（賃金表，就業規則），「担当窓口が一本化されていない」などの指摘がある。このように，行政手続き，税制・税務手続きの煩雑さは広く指摘されていたが，ここで注目すべきは，前年に比べて「リスクである」とする企業の割合がいずれも13.4％減少したことである。グェン・タン・ズン首相（当時）をはじめとして政府首脳は特に最近，「事業環境の改善や産業競争力強化のためにできることをすべてやる」方針を繰り返し表明し，中央各省のほか，地方各省，関連実施機関への指導を強めてきた。特に税制面では，納税手続き時間の短縮に向けて大幅な規則改正を行ったほか，電子納税に移行した。

また，税関においては日本のODAによって電子通関制度VNACCSを導入した。税務署，税関の職員と企業との接触は不透明な手数料の発生原因にもなるが，まだ税務調査や検疫手続きなど依然として残っているとはいえ改善傾向にあることは間違いない。

　第四に「インフラ（電力，物流，通信）未整備」を挙げた企業が42.2％である。これは5年前はこのランキングのトップに在り，2013年は8位であったが，日系企業の進出に伴う膨大なインフラ整備ニーズに対して政府の整備が追いついていないとの認識が高まってきたものと思われる。ベトナム政府の歳入が4兆円程度でインフラ整備がODA頼みであることから急には増やせないことや，スキャンダルによってハノイの地下鉄整備がストップしていたことなどが影響しているだろう。電力については，2015年に危機を迎えるのではと思われていたが，2012年からの不景気によって需要の増加がやや抑えられる一方で電力施設整備がほぼ順調に進展することによって，結果として危機は回避され，この3年程度はメンテナンスなどの技術的な問題による停電以外はみられないし，今後電力不足になることはないと見込まれている。

　第五に「現地政府の不透明な政策運営」である。「自動車産業振興策」の具体策が見えず，頻繁に政策変更するため，実施までに時間を要する，裾野産業育成と中古機械輸入規制導入の政策矛盾などが指摘されている。特に南部では，ホーチミン日本商工会（JBAH）は，ホーチミン市，バリアブンタウ省，ロンアン省とこれまで様々な問題について政府当局と企業とが毎年定期的に顔を突き合わせて問題解決のための対話を続けてきた結果，目に見える改善が実現されてきた。それが特に南部で実感された結果であろう。また，日系企業とベトナム政府との間でも「日越共同イニシアティブ」という日系企業とベトナム政府が課題について検討する仕組みが続けられて来ており，15年11月にフェーズ6を開始した。フェーズ6においては，5つの課題についてワーキングチームが設置されている。

図3-6　賃金-年間実負担額（2014年度）

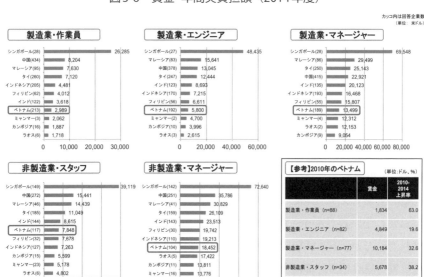

（出所）ジェトロ（2014）『在アジア・オセアニア日系企業活動実態調査』。

2. 対応策

　上記の投資環境のリスクのランクを見ると，実は，「リスクである」と認識している企業の割合が高水準ながらも，13年に比べて14年は13ポイントほど減少していることが見て取れる。これはどういうことを意味するのだろうか。それでは，投資環境の改善に向けた最近の政府の取組の事例をみてみよう。

　① 外国企業との対話の増加

　日系企業を対象とした中央政府との対話としては，まず日越共同イニシアティブが挙げられるが，実は農業・食品関係分野でも官民意見交換会合をジェトロホーチミン事務所主催で開催しているし，ベトナム日本商工会（ハノイ）及びホーチミン日本商工会から頻繁に中央政府の税制，労務，貿易などの関連規制や制度に対して改善要望を行っており，こちらからの要望の書簡に対し

て，必ず書簡での回答が来る。場合によって副大臣から回答について直接説明を受けるケースもある。ホーチミンでは，外国投資庁の長官と在ホーチミンの官民関係者の代表との意見交換会合も定期的に行われている。また，ホーチミン日本商工会は，ホーチミン市はじめ5つの周辺省とビジネス環境改善のための意見交換会合を年間1～2回開催している。

さらに，全ての外資企業を対象とした政府との対話としては，年間2回開催される「ベトナム・ビジネス・フォーラム（VBF）」のほか，ホーチミン市のような地方政府と外資企業との意見交換会合が市・省ごとに開催され，官民共にこれにも積極的に参加している。

また，ズン首相（当時）が「事業環境の改善や産業競争力強化のためにできることをすべてやる」方針を繰り返し表明している。このため，このような地方各省が，外資企業が抱える個別具体的な問題解決のための意見交換会合を開催し，企業の声を聴きながら事業環境改善の取組を強化する動きが広がってきている。特に質問や意見に対して政府のトップや責任者が企業の意見に直接回答する姿が多く見受けられる。

② その他の具体的な取り組み事例の現状
（1）投資法・企業法改正
2015年7月に施行された新投資法・企業法は，投資規制を緩めて行政手続きを簡素化する目的で制定された。市場経済原則に即し大企業や中小企業に投資を増大させることや重要セクターの自由度を拡大したり，投資認可の手続きを変更して簡素化するなど，政府の姿勢は良く伝わってくる。しかし，施行後の細則の制定状況や，運用が実際にどうなるかを確認しなければ効果を評価することはできない。
（2）税制手続きの簡略化と時間短縮
ベトナムの税制はASEANで最も手続きにかかる時間が長い（企業当たり年間827時間）という汚名を返上すべく，2020年までにこれを121.5時間とすべく手続き規定を大幅に見直し，柔軟な運用を図っているところである。また，

納税は完全な電子納税となっている。

　(3) 税関のVNACCS導入

　日本のODAにより，日本の電子通関制度であるNACCSをベトナム政府向けにアレンジした「VNACCS」が2014年4月から運用されている。ただし，税関の本手続のみであり，検疫などの付属の関連システムは別になっており，利便性向上の余地はまだある。

　(4) 国営企業・公的セクターの民営化や再編

　こちらは掛け声を頻繁に聞くが実施率は3割程度であり，遅々として進まないのが実態である。

第4節　不透明な手数料の撲滅

　不透明な手数料については，中央政府，地方政府の首脳が撲滅に向けて取り組む旨を発言して取組を行っている。ベトナム共産党は，中国の桁違いの「腐敗」事情に対して同じ共産党一党独裁の国として危機感を抱き，この5年間，「組織の腐敗」に対する対応を行ってきた。オープンな投票により，民間人を一定程度国会議員に含めるような変更や汚職対策にも熱心に取り組んでいる。ただし，汚職防止法の運用が厳しいとは言えないし，そもそも，「賄賂」と「不透明な手数料」「ファシリテーションフィー」「お礼」の定義は明確ではない。

　しかし，そうはいっても，進出日系企業にとって「不透明な手数料」「ファシリテーションフィー」を要求されることがあるのが実情だ。上に述べた地方市・省との意見交換の積み重ねの成果として，行政側から企業側に対して，そうした要求に対応するのは法令違反であり絶対に支払わないでほしいと回答があったことに加え，対策としてホーチミン市や南部の一部の省では，ホットラインとして人民委員会幹部や部局トップの携帯電話番号を日系企業に配布している。他方で，企業の立場からは，通報後に嫌がらせを受けるなどの懸念が払しょくできないため，実際にはホットラインが使用されていないという現実も

ある。このため，日本商工会と人民委員会で協力して，「不透明な手数料を要求したり支払うことは違法である」ことや，「もし不透明な手数料を要求されたらホットラインに連絡すべし」といった趣旨の公式レターを人民委員会等のトップの名義で商工会あてに発出し事前防止対策を協力して行っているところである。

第5節　裾野産業の現状と課題

1. 裾野産業政策の経緯

　ベトナムにおいて私企業の経済活動が公式に認められたのは1988年であるが，憲法上は国営企業が経済産業を牽引することが前提であり，それ以外の企業の振興を行うという考えは従来から希薄であった。このため，日本側の支援で裾野産業の現状や重要性，その振興策のアドバイスはすでに90年代から行ってきたが，様々な問題が重なり合って，振興策は形式上実施されていても，成果は乏しいと言っても過言ではない。

　それでも，戦後の日本が戦略的に重工業と自動車産業に重点投資することで日本経済発展の礎を築いたように，ベトナムの経済産業の基盤の上に実施可能な戦略的な復興シナリオの筋書きを描き，実施すればいくばくかの裾野産業の発展が実現できたかもしれない。しかしながら，世界の自動車製造企業がベトナムに投資しても，現地調達ができないばかりでなく，政府の政策が迷走し，基本として登録税，関税，特別消費税，付加価値税が重くのしかかって自動車の消費は一向に伸びなかった。自動車（すべてのカテゴリーを含む）販売台数は，2006年で4万台，2013年においてもまだ10万台強という状況であった。これは，自転車に代わってベトナム人の足となったバイクが，2010年に250万台を超えていたのとは対照的である。実際，バイクは日系の3社が市場の9割を押さえ，現地調達率も8〜9割といわれており，ことバイクに限っては裾野産業が順調に成長してきたと言える。しかし部品点数が圧倒的に多い自動車とは異なり，バイク製造産業がベトナムの裾野産業を底上げしたのは間違いな

いが，その効果は自動車産業に比べれば限定的といえる。

　ベトナム商工会議所（VCCI）によると，中小企業数は約60～80万社で，このうち7割の中小企業が融資を得られない状況で，かつ，所有する設備の75％が老朽化しており，さらに，材料を輸入に頼るため高コスト構造，経営者の意識や知識の低さ，人材確保が困難など様々な問題を抱えている。こうしたベトナムの中小企業が日系企業のサプライヤーになるためには，技術，人材，設備，納期，コスト，そして経営者のマインドなど多くの点で進歩が求められるが，戦後復興期から日本政府が中小企業に着目して多くの支援政策を積み重ねてきたのに比べ，上記のとおり，政府の中小企業を支援するマインドは未だ乏しいのが現実である。ジェトロのハノイ事務所，ホーチミン事務所では，これまで10年程度，裾野産業の発展の目的で，日系企業がベトナム企業から調達するための，「部品調達展」を実施してきており，最近では同時開催で商談会（ホーチミン）も開催している。そこで問題となるのは，技術があっても，人材がいない，設備投資する資金がない，納期を守る意識が希薄であるなど，様々な問題点が見えてくる。これらは，いずれも日本政府が積み重ねてきた中小企業政策の一つ一つをベトナムで実施することで対応できるような内容であり，日本の経験や知識はそのままベトナムの中小企業支援政策に適応できると考えられる。

2. 裾野産業の現状

　さて，ジェトロの調査（在アジア・オセアニア日系企業実態調査，2014年）によると，ベトナムにおける現地調達率（部品や原材料を国内で調達した場合の，使用した全部品・材料に占める金額の割合）は，2014年は33.2％であり，中国（66.2％），タイ（54.8％），インドネシア（43.1％），マレーシア（40.7％）に比べ低い水準に留まっている。ただし，ベトナムでは2010年が22.4％であり，2014年の33.2％までに4年間で約11ポイント上昇している。このように短期間に大きく伸びたのはベトナムのみであり，ベトナムの現地調達は着実に伸びていることが見て取れる。

図3-7 ベトナムの裾野産業—現地調達率

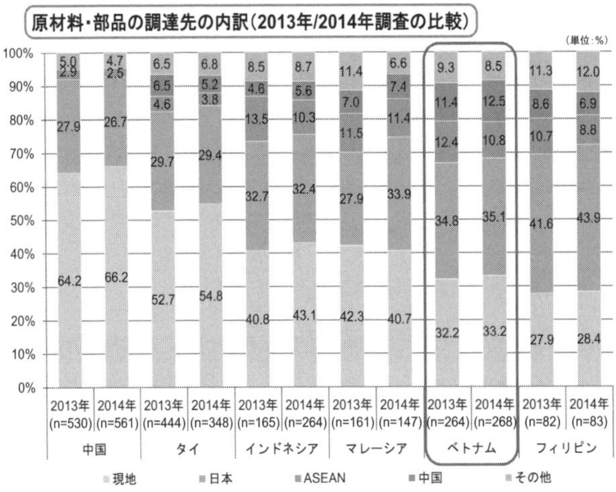

原材料・部品の調達先の内訳(2013年/2014年調査の比較)

	2013年 (n=530) 中国	2014年 (n=561) 中国	2013年 (n=444) タイ	2014年 (n=348) タイ	2013年 (n=165) インドネシア	2014年 (n=264) インドネシア	2013年 (n=161) マレーシア	2014年 (n=147) マレーシア	2013年 (n=264) ベトナム	2014年 (n=268) ベトナム	2013年 (n=82) フィリピン	2014年 (n=83) フィリピン
その他	5.0	4.7	6.5	6.8	8.5	8.7	11.4	6.6	9.3	8.5	11.3	12.0
中国	2.9	2.5	6.5	5.2	4.6	5.6	7.0	7.4	11.4	12.5	8.6	6.9
ASEAN			4.6	3.8	13.5	10.3			12.4	10.8		8.8
日本	27.9	26.7	29.7	29.4	32.7	32.4	27.9	33.9	34.8	35.1	41.6	43.9
現地	64.2	66.2	52.7	54.8	40.8	43.1	42.3	40.7	32.2	33.2	27.9	28.4

2010年/2014年の調査における現地調達率の比較 (単位：％)

国名	2010年	2014年
中国	58.3 (n=464)	66.2 (n=561)
タイ	56.1 (n=503)	54.8 (n=348)
インドネシア	42.9 (n=87)	43.1 (n=264)
マレーシア	45.1 (n=175)	40.7 (n=147)
ベトナム	22.4 (n=100)	33.2 (n=268)
フィリピン	27.2 (n=100)	28.4 (n=83)

(出所) ジェトロ (2014)『在アジア・オセアニア日系企業活動実態調査』。

　それでは，これを南北比較で見てみよう。現地調達率は北部で30.6％，南部で36.3％と南部が高い。その内訳をさらに見てみると，現地調達のうち，現地の地場企業からの調達率は，北部が35.9％であるのに対して，南部は52.7％と大きな開きがある。この数字を掛け合わせると，「全調達に占める現地の地場企業からの調達率」が算出できるが，これが，北部は11.0％であるのに対して，南部では19.1％になる。南部では北部に比べ，裾野産業が急激に成長していると思われる。

　ちなみに，この地場企業調達率を他国と比較すると，タイが23.2％，インドネシア21.2％であり，この2か国では自動車産業を中心とした日系企業のサプライチェーンが現地で形成されているので，地場企業を取り巻く周辺環境が異なるため比較するのにはやや問題はあるが，ベトナム南部の裾野産業は短期間に確実に発展してきたといえるのではないだろうか。

　さらに，「全調達に占める現地の地場企業からの調達率」は，南部では，2014年に19.1％となり，2011年が15.3％，2012年が16.8％，2013年が

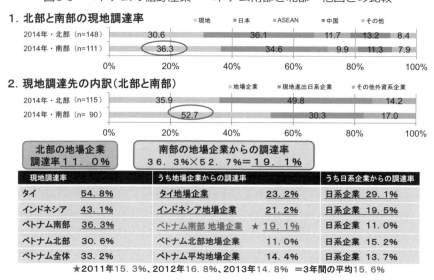

図3-8 ベトナムの裾野産業―ベトナム南部と北部・他国との比較

(出所) ジェトロ (2014)『在アジア・オセアニア日系企業活動実態調査』。

14.8％と変動もしているが，ベトナム南部の裾野産業がトレンドとして発展傾向にあることを物語っているといえるだろう。

3. 裾野産業政策の迷走と中小企業政策への期待

裾野産業の発展政策について，商工省は裾野産業マスタープランを発布 (2007年)，裾野産業対象分野や品目の定義，優遇措置，申請手続き等 (2011年) を決定したが，手続きが煩雑すぎて優遇を認められたのはわずか1社のみ，しかも大企業であった。

2014年に入り，商工省は裾野産業の発展のための政令作りに着手し，折々に入手するこれら政令案に対して，ホーチミン市に2014年に設立された「裾野産業フォーラム」(ジェトロホーチミン事務所とホーチミン市工業団地管理委員会が共同議長) では，定義の見直しの必要性や金融制度，人材育成など様々な提案を商工省に対して行ってきた。2015年11月にようやく新政令が決

定されたものの，中身は低利融資制度など革新的な支援措置を盛り込みきれなかったし，それ以前に，他の「法令」との関係で劣位にある「政令」で，実効的で大規模な措置が実施可能かどうかについて今後注視する必要がある。

　他方で，中小企業振興を所管する計画投資省が，2009年に中小企業の資金調達，土地の確保，技術向上，人材育成，市場拡大，政府調達入札，企業設立，コンサルなど様々な措置を盛り込んだ「議定」を決定したが，これは国と地方の役割分担が不明確で，実施面で大きな問題があり，あまり活用されてこなかったという。

　そして，2015年7月，JETROと計画投資省は協力覚書（MOC）を締結し，中小企業の支援強化のために協力することとなった。計画投資省が2016年秋の国会に中小企業支援強化法を提出するため，その内容に対して日本の中小企業支援政策の経験や知見を踏まえて協力を行うものである。この協力覚書の内容を中核として，中小企業支援政策に関する協力について，中小企業の現状把握から，支援法案の企画立案，実施に至るまでを念頭においた幅広い協力を，日越共同イニシアティブ第六フェーズの第5ワーキングチーム（中小企業支援；チームリーダは筆者）のもとで実施することとなっている。

第6節　おわりに

　2015年末にTPP協定が大筋合意に至り，ベトナムが再度脚光を浴びている。確かに，貿易投資が大幅に伸びると見込まれるなど多くのチャンスが到来したのは確かである。しかし，2007年にWTO加盟を実現してのち未だ10年間も経たないベトナムにとってはハードルの高い挑戦であるのも確かである。つまり，ここまでみてきたように，国内法制度の未整備や不透明な運用等の問題が残るほか，裾野産業の発展，自動車産業の発展をさせたいと思いながらも産業政策が効果的に制定・運用できないまま時間が経過してきたのも事実である。TPPで関税撤廃のメリットを活かすためにも原産地証明をとれるのか，という基本的な点に疑問符が付く。ほかにも，30を超える分野のルールをグロー

バルなものに揃えていくことも注目点であるが，これを本当に政府の末端レベルで実現できるのか。外国企業の更なるベトナム市場への参入に対して国営企業が競争力を強化して期待される役割を果たせるのか，さらには，中小企業は，この国際化の荒波に対して無事でいられるのか，など様々な疑問が残る。

　いずれにせよ，政府が，国内における改革を継続的に実施し，ビジネス環境の改善，裾野産業の発展，中小企業の振興のための支援などの産業政策について，ルールの制定のみではなく，結果を担保するような効果的実施が実現できるのかという点がベトナムの発展を左右すると思われる。

（安栖宏隆）

第4章 ものづくり中小企業のベトナム展開に対する自治体支援について

第1節　はじめに

　少子化で国内需要が低迷する中，豊富な需要と生産能力を背景に東・東南アジアへの進出が急速に進む中小企業。このような企業を支援すべく，自治体の海外展開支援も従来の国際交流的なものから，より個別性の高い企業支援へと転換期を迎えている。

　本章では，海外展開先として，急速に集積が進みつつあるベトナムに進出するものづくり中小企業へのB to Bを中心とした生産展開型企業への自治体としての支援のあり方について考察したい。

　まずは，中国とASEANへの日系企業の展開状況からベトナムにおける生産機能を明らかにしたうえで，ベトナムに進出するものづくり中小企業像を明らかにする。

　そのうえで，こうした中小企業の支援ニーズに対する自治体支援の現状と課題に触れ，とりわけ課題のある現地での支援体制をどう構築するのかについて，官民の新しい支援事例を紹介しながら，いくつかの提案をしたい。

第2節　ものづくり中小企業のASEAN展開の状況

1. ASEAN諸国等への展開動向

　日本企業の海外進出の状況を見てみる。ここでは，ものづくり中小企業の生産拠点の展開先としてのベトナムと比較するうえで関連性の高い国として中国，タイ，インドネシアと比較して考察する。海外事業活動基本調査で，製造

業の状況を見てみると，2004年の7,786社から2013年度は10,545社と35％増となっている。

進出先を見てみると，中国が圧倒的に多いが，この10年の伸び率では，ベトナムが3.7倍と急伸している。中国の85％増，タイの59％増，インドネシアの45％増と比較しても格段の伸びを示している。

一方，全体に占める製造業の割合は，2004年52％から2013年44％と低下傾向にあり，非製造業の進出が徐々に進んでいる。このことは，国別にみても，ほぼ同様の傾向を示している。

表4-1　海外現地法人の企業数（製造業）

	2004	2008	2009	2010	2011	2012	2013
全地域	7,786	8,147	8,399	8,412	8,684	10,425	10,545
中国	2,230	2,917	3,089	3,078	3,219	4,142	4,119
タイ	707	812	864	877	864	1,071	1,126
インドネシア	381	390	400	396	415	516	554
ベトナム	115	212	247	263	286	402	428

（出所）経済産業省（2015）『第44回海外事業活動基本調査』。

つぎに，機能別の展開状況を見てみる。中小企業の回答が78％（製造業では81％），うち小規模事業者の回答も全体の48％と中小・小規模事業者の回答が多い，独立行政法人日本貿易振興機構（JETRO）が実施した「2014年度日本企業の海外事業展開に関するアンケート調査」の海外拠点の所在国別ランキングを見ると，生産・研究開発・その他で，中国，タイ，ベトナム，インドネシアの順となっている。

比較すると，ベトナムでの機能は，依然として，生産拠点としての位置付けであることがわかる。一方，タイは，生産機能だけでなく，販売・研究開発・地域統括の拠点としても位置づけられつつありASEANとりわけメコン地域の中核であることが裏付けられている。

表4-2　海外拠点の所在（国別ランキング）

順	販売	生産	研究開発	地域統括	その他
1	中国 (680)	中国 (606)	中国 (109)	米国 (108)	中国 (136)
2	米国 (433)	タイ (302)	米国 (81)	中国 (101)	タイ (86)
3	タイ (425)	米国 (192)	タイ (44)	西欧 (79)	ベトナム (75)
4	台湾 (296)	ベトナム (176)	西欧 (43)	シンガポール (67)	米国 (64) 香港
5	香港 (294)	インドネシア (156)	韓国 (16)	タイ (50)	
6	シンガポール (281)	台湾 (106)	ベトナム (13)	香港 (40)	インドネシア (59)
7	西欧 (279)	インド (101)	インド (12)	インド (13)	西欧 (54)
8	韓国 (241)	西欧 (98)	インドネシア (11)	台湾 (11) 韓国 インドネシア	シンガポール
9	インドネシア (219)	マレーシア (98)	台湾 (8) シンガポール		台湾 (53)
10	インド (174) ベトナム	韓国 (93)	マレーシア フィリピン		韓国 (41)

（出所）日本貿易振興機構（2015）『2014年度日本企業の海外事業展開に関するアンケート調査』。

2. ベトナムへの進出動向と現地での展開動向

　日系企業のベトナムへの進出動向を見てみる。ベトナム計画投資省（MPI）の資料によると，2008年から2014年の直接投資（FDI）許可件数の推移は，新規投資件数，既存企業の拡張投資とも増加傾向にある。一方，投資額ベースでみると，新規の投資額で2013年以降，激減していることがわかる。2013年の1件当たりの平均投資が3,400万ドルだったものが，2014年には，900万ドルまで落ちている。これは，中小企業による小規模な投資が進んでいるもので，2014年7月に実施した現地企業へのヒアリングでも「ベトナム南部では，圧倒的に中小企業の進出が多く，一件，1億円程度の投資案件が増えている。」との話があった。

　これらの動きに併せ，ベトナムの日本商工会加盟企業も2008年706社だったものが，2014年では1,417社と倍増している。

今後のベトナムへの進出動向を探る上で，海外/国内の拠点・機能の再編の動向を前出のJETRO調査（2014）で見てみる。まずは，拠点の再編動向であるが，過去2～3年，今後2～3年を合わせた動向をみると，移管元は，日本と中国で4分の3以上を占める。移管先を見ると，日本からは中国，タイに次いで，ベトナムが上位で，中国からはベトナムへの移管がトップとなっている。

表4-3　海外拠点の再編動向

移管先＼移管元	件数	中国	タイ	インドネシア	ベトナム
件数	N=798	141	129	47	106
日本	392	12.0%	9.3%	2.9%	4.8%
中国	222	3.5%	3.4%	1.9%	7.1%

注：主要国間の抜粋。
（出所）日本貿易振興機構『2014年度日本企業の海外事業展開に関するアンケート調査』。

　ベトナムへ移管する機能を見てみると，過去及び今後の動向とも①生産（汎用品）②販売③生産（高付加価値品）で大半を占める。移管元の大半を占める日本，中国からベトナムへの再編動向では，表4-4のとおりで，チャイナプラスワンとしてのベトナムの位置づけが明確になってきている。

表4-4　海外機能のベトナムへの再編動向

移管元	移管件数（構成比）	主な業種	
日本	N=38（4.8%）	一般機械 鉄鋼/非鉄金属/金属製品 その他製造業	(23.7%) (10.5%) (10.5%)
中国	N=57（7.1%）	商社・卸売 その他製造業 鉄鋼/非鉄金属/金属製品	(17.5%) (15.8%) (12.3%)

注：（　）内は，各構成比を100とした場合の比率。
（出所）日本貿易振興機構『2014年度日本企業の海外事業展開に関するアンケート調査』。

最後に，今後，海外で拡大する機能についてはどうだろうか。すでに拠点を有している企業に対する前出のJETRO調査（2014）によれば，ベトナムで拡大する機能は，①販売機能，②生産（汎用品），③生産（高付加価値品）の順となっている。また，同調査の規模別の状況を見ると，中小企業に比べ大企業で，生産（汎用品）のみならず生産（高付加価値品）や研究開発（新製品開発・現地市場向け仕様変更）の拡大傾向が鮮明になっている。

 国別のランキングと併せ読むと，ベトナムでは，生産（汎用品）での拡張が当面の動向ではあるが，中国・タイで生産（高付加価値品）や研究開発機能が拡大の傾向にあることから，中国からの生産（汎用品）の移管がより一層進むだろう。また，ASEAN経済共同体（AEC）の創設をにらみ，タイが自動車産業を中心とした生産面での高い集積力と日系企業の進出実績から，製造業におけるASEAN地域の地域統括機能，研究開発拠点化の傾向が読み取れる。

 ベトナムは，若く高品質な労働力を背景に，汎用品の生産のみならず，高付加価値品の生産や現地市場向け仕様変更の受け皿としても拡大する可能性を秘めている。

表4-5　海外で拡大する機能（国別ランキング）

順位	販売機能	生産		研究開発	
		汎用品	高付加価値品	新商品開発	現地市場向け仕様変更
1	中国（46.1%）	中国（18.0%）	中国（13.4%）	中国（5.4%）	中国（11.2%）
2	タイ（33.5%）	タイ（13.5%）	タイ（8.7%）	米国（4.9%）	タイ（5.0%）
3	インドネシア（26.5%）	ベトナム（9.0%）	米国（5.8%）	タイ（2.8%）	米国（4.4%）
4	米国（24.9%）	インドネシア（7.9%）	ベトナム（4.8%）	西欧（2.3%）	インドネシア（3.5%）
5	ベトナム（18.4%）	インド（4.7%）	インドネシア（4.2%）	台湾（1.7%）	台湾（2.6%）

（出所）日本貿易振興機構『2014年度日本企業の海外事業展開に関するアンケート調査』。

3. 進出形態別（独資・合弁等）の企業動向

ベトナムでの外資系企業の進出形態を見てみる。表4-6のとおり、独資と合弁では、独資による進出が多い。日系企業の動向としても中小企業基盤整備機構が実施した「平成23年度中小企業海外事業活動調査」で、67.8％が独資、17.0％が合弁と独資によるものが多いのが特徴である。

表4-6　外資系企業の進出形態の推移（企業数）

	2009	2010	2011	2012	2013
独資	5,414	5,989	7,516	7,523	8,632
合弁	1,134	1,259	1,494	1,453	1,588

(出所)『ベトナム統計年鑑　2014年版』より。

4. ベトナムに進出する日系ものづくり中小企業像と支援ニーズ

これまで見てきたように、ベトナムに進出している、また、今後進出するであろう、ものづくり中小企業像を見ると次のとおりである

- より小規模な中小企業による少額の投資
- 独資による進出
- 生産機能の展開が多く、現状は汎用品であるが、今後は、高付加価値品や研究開発（現地市場向け仕様変更）行う企業も
- 中国からの生産移管による進出

では、こうした中小企業への支援ニーズはどうだろうか。表4-7は、近畿経済産業局が2014年2月に取りまとめた調査結果である。進出前、進出時、進出後と優先順位の変化はあるが、概ね以下のとおりである。

進出時から進出後に至る各プロセスで挙げられている課題で、回答率の高い事項について、カテゴリ別に整理すると次のとおりとなる。

①現地企業（日系・ローカルとも）の探索に関する事項
→生産委託先、事業パートナーの発掘

表4-7　ベトナム「進出前，進出時，進出後」の重要課題の変化

順	進出前	%	進出時	%	進出後	%
1	市場の特性や消費者ニーズ	22.1	投資規制や環境規制等の規制	11.8	現地でのマネージャー人材の育成確保	17.6
2	現地での労務管理や労働事情等	13.0	生産委託先，事業パートナー等の発掘	9.0	現地でのワーカー等の確保，定着	11.8
3	現地での税制や規制，投資優遇策等	12.6	現地でのマネージャー人材の育成確保	7.3	部材調達先の確保，発掘	7.3
4	生産委託先，事業パートナー等の発掘	8.4	貿易や通関関連の手続き	6.9	進出後の予想外のコスト増	4.6
5	進出先企業の具体的事例等	7.6	部材調達先の確保，発掘	6.5	ノウハウ流出や模倣対策等の知財対策	3.4
6	部材調達先の確保，発掘	4.6	現地でのワーカー等の確保，定着	6.5	生産委託先，事業パートナー等の発掘	3.4
7	投資規制や環境規制等の規制	3.8	現地での税制や規制，投資優遇策等	4.2	現地での労務管理や労働事情等	3.1
8	現地でのマネージャー人材の育成確保	1.5	現地での労務管理や労働事情等	2.7	市場の特性や消費者ニーズ	1.5
9	貿易や通関関連の手続き	1.1	税関連手続き	2.7	投資規制や環境規制等の規制	1.5
10	現地でのワーカー等の確保，定着	0.8	進出後の予想外のコスト増	2.3	税関連手続き	1.5

(出所) 近畿経済産業局 (2013)『平成24年度　中小企業の海外展開支援に向けた，関西とアジア新興国の地域間における戦略的経済交流促進のための調査研究』。

　→部材調達先の確保，発掘

②現地の投資環境や操業環境に関する事項

　→現地の税制や規制，投資優遇策等

　→投資規制や環境規制等の規制

　加えて，小規模な中小企業に向けては，以下の事項が加わる。

　→小区画のレンタル工場の情報

　→現地での日本語によるサポートや各種手続き代行などにワンストップサービス

③人材の確保育成に関する事項

　→現地でのマネージャー人材の育成，確保

　→現地でのワーカー等の確保育成，定着

　→現地での労務管理や労働事業

第3節　自治体における海外展開支援の状況

1. 取組みの現況と課題

　では，こうしたものづくり中小企業の進出課題に対して，自治体の支援はどうだろうか。自治体による海外展開支援は，①相談，②セミナーの開催，③海外現地ミッション，④海外でのビジネスマッチング，⑤現地サポート拠点の整備が一般的な支援策である。通常，自治体側の人的資源・財源の制約から，進出前から進出時，進出後と現地支援にシフトするに従いサポート体制が薄くなる傾向がある。

　また，進出企業の取引形態が現地日系企業との取引や日本側への輸出を主とするシップバック形態から，現地ローカル企業との取引や日本を経由しない現地生産・現地販売，ASEANの他国へのアウトtoアウトの取引も増えるにつれ，自治体の現地拠点の機能は益々限定的になり，現地の金融機関やコンサルタント，企業，専門家等との連携が不可欠となってくる。

　ベトナムでは，中小企業へのサポート体制が未発達であるため，こうした場合，口コミなどの紹介を中心とした企業や専門家とのマッチングに頼らざるを得ないのが現状である。ただ，ベトナム側での裾野産業育成の必要性から，日系企業誘致のための小区画なレンタル工場など優良な工業団地の整備や地方政府が積極的に日系企業向けにワンストップサービスを提供する体制も進みつつある。今後は，こうした現地での新たな支援とどう連携していくかが，自治体が行う海外展開支援にとって課題となってきている。

2. 現地企業（日系・ローカルとも）の探索に関する支援

　では，課題別に考察する。現地企業の探索，いわゆるビジネスマッチング支援については，販路開拓，外注先や部材の調達先開拓に大別される。さらに，相手先の企業の属性として，現地日系企業と現地ローカル企業とで中身が変わってくる。

① 納入先としての現地日系企業へのアプローチ

これは，従来のビジネスマッチングの主要な領域である。自治体としては，海外ミッション派遣時における交流や現地展示会，特定のセットメーカーとの商談会等の開催による支援である。また，JETROの現地事務所への相談あっせんや同機関がベトナムで主催する部品調達展示商談会への参加へのあっせんなどもある。

このタイプのマッチングは，いわば，国内でのビジネスマッチングの延長線上にある。しかしながら，海外展開支援は，国内のビジネスマッチング支援と担当部署が違うことが多く，ややもすると公募して選定してマッチングという一連の流れを一から企画して実施するケースも見られる。自治体としては，国内でのビジネスマッチングを担当する部署との連携をとってシームレスな支援を行うことが望ましい。

② 外注先や部材調達先としての，日系企業の探索支援

つぎに，外注先や部材の調達先としての現地日系企業の探索支援であるが，この領域は意外に情報が少ない。大阪府では，ものづくり優良企業賞の受賞企業や金融機関からの紹介などを受けた企業で海外に生産拠点を有する企業に対し受注可否の意向を確認したうえで「海外拠点リスト」を作成しWEB上に公開している。この取組みは，公益財団法人京都産業21とも連携して実施しており，京都版の企業リストも公開されている。また，JETROのハノイ事務所からは『ベトナム北部中部　日系製造業・関連商社サプライヤーダイレクトリー』が公開されている。

ただ，ベトナムの日系企業は，約1,500社といわれる中，公開されているのは前記のリストを合わせても70社程度である。最近では，日本国内のビジネスマッチングサイト運営会社であるイプロスが「TECH DIRECTORY Vietnam」を，NCネットワークがNCネットワークベトナムを立ち上げ，現地日系企業の情報を掲載している。

実際，埼玉県が，ベトナムでのサポートデスクの委託先にNCネットワーク

を選定(平成26年8月〜)している。国内の取組みではあるが,イプロスも川崎市や大阪府との連携を皮切りに自治体との連携を進めている。自治体での情報収集には限界があるため,今後は,こうしたビジネスマッチングサイトの運営事業者との連携も選択肢の一つとなる。

③ 外注先,部材調達先としての現地ローカル企業探索

今後,益々増えるのが現地ローカル企業との取引である。ベトナムに限らず,新興国では現地ローカル企業からの調達率を上げていくことが操業を続ける上で条件となる。また,コスト削減や為替面のリスクを回避するために現地調達率を上げる企業もある。

ただ,現地ローカル企業の情報は少なく,中小企業がパートナー企業を見つけるのは困難な作業を伴う。自治体としても,信用情報も少なく,確認するための費用財源を持ち合わせないことが多いため,どのように現地ローカル企業とのマッチングを実施するのかについては,頭を悩ませている。現状では,ベトナムへのミッション団派遣の際に,現地の日本人商工会や自治体と連携してビジネス交流会を開催したり,展示商談会への出展を通じて現地ローカル企業の開拓を支援している。また,ある大阪の中小企業では,大阪府の現地ビジネスサポートデスクに依頼し,現地の地方政府から優良企業リストを入手してもらい,デスクの担当と同行訪問し,少額の発注を実施しながらQCDのチェックをするなどして個別企業を探索している例もある。

まとまった情報としては,JETROのハノイ・ホーチミン両事務所から,ベトナム裾野産業「優良企業」のリストが公開されている。2014年10月時点で,北・中部ベトナム編157社,南部ベトナム編153社が掲載されている。また,ベトナム系の企業で対応できない分野について,台湾系や韓国系企業など49社をリスト化したベトナム北部・外資サプライヤーリスト(2013年9月)も公開している。

また,国際協力機構(JICA)でも,シニアボランティアによる活動で現地ローカル企業に対し5S(整理,整頓,清掃,清潔,しつけ)など生産管理の

指導を実施しており，こうした企業の情報を保有している。

　さらに，JICAの支援で2002年に設置された「ベトナム日本人材協力センター（VJCC）」は，ハノイとホーチミンに拠点を置き，ビジネス人材育成，日本語人材育成，相互理解促進事業・留学支援の3本柱で活動している。中でも，ビジネス人材育成では，日本型経営・ものづくりのノウハウの習得をテーマに，短期コース，中期コース，経営塾を実施している。2001年〜2013年までに，各コース，セミナーを866回開催し，延べの参加者が約37,700人となっている。とりわけ，2009年から開始した経営塾では，ベトナムの裾野産業を牽引する若手経営者の育成を目標に，1年間10回コース（1コース5日程度）50日にわたる研修を実施している。これまでに6期，約165名の卒業生を輩出している。経営塾のプログラムでは，訪日研修も実施しており，日系企業との交流機会も設けている。また，同窓会組織である経営塾クラブも活動しており，今後，優良なベトナム人経営者とのマッチングにVJCCとの連携も有効な手段となってくるだろう。

3. 現地の投資環境や操業環境に関する支援

① 自治体の現地サポートの現状

　投資環境や操業環境に関する支援については，日本国内のセミナーや相談などを通じて多くの自治体が情報提供している。さらに，進出時から進出後にかけて必要となる現地での支援としては，駐在事務所や現地の公的機関等への派遣，現地企業への委託方式により拠点を設けて実施している。自治体国際化協会（CLAIR）が毎年実施している調査をとりまとめた「自治体の海外拠点一覧」（2014年9月末現在）では，72の自治体が25カ国61都市に計203の海外拠点を設置している。

　2013年〜2014年にかけては，35の拠点が新設され，前年度の2倍の新設ラッシュとなった。とくに，タイに11，シンガポールに9カ所新設されておりASEANシフトが鮮明になってきている。

　つぎに国別の拠点ランキングを見てみると，自治体自らが運営する事務所で

表4-8 自治体の海外拠点の進出傾向（2010年以降）

		進出		撤退	
		拠点数	国別内訳	拠点数	国別内訳
計		97	中国31，タイ16，シンガポール13，韓国6，台湾6，インドネシア4，ベトナム4，インド2，ミャンマー2，英国2，フランス2，ドイツ2，カンボジア1，フィリピン1，マレーシア1，米国1，カナダ1，アラブ首長国連邦1	33	中国19，シンガポール1，米国2，韓国1，英国1，ロシア1，フランス1
形態別内訳	独自事務所	24	中国13，シンガポール6，インド1，韓国1，台湾2，タイ1	9	中国5，韓国1，シンガポール1，米国1，フランス1
	機関等派遣	9	中国2，シンガポール4，韓国1，タイ1，英国1	5	中国3，米国1，英国1
	業務委託	64	中国16，タイ14，台湾5，インドネシア4，ベトナム4，シンガポール3，韓国3，ミャンマー2，インド2，フランス2，ドイツ2，フィリピン1，マレーシア1，アラブ首長国連邦1，カンボジア1，米国1，英国1，カナダ1	16	中国13，米国1，英国1，ロシア1
年度別国別内訳	2010年	14	中国9，韓国2，シンガポール1，タイ1，フランス1	3	中国3
	2011年	13	中国8，シンガポール1，タイ1，インドネシア1，韓国1，カナダ1	6	中国5，韓国1
	2012年	17	中国6，タイ3，タイ3，ベトナム1，フランス1，インドネシア1，ドイツ1，英国1	6	中国3，シンガポール1，米国1，フランス1
	2013年	18	中国4，台湾3，シンガポール2，ミャンマー2，韓国2，ベトナム1，インドネシア1，カンボジア1，米国1，ドイツ1	4	中国3，ロシア1
	2014年9月現在	35	タイ11，シンガポール9，中国4，インド3，ベトナム2，台湾1，インドネシア1，マレーシア1，フィリピン1，アラブ首長国連邦1，英国1	7	中国5，米国1，英国1

注：海外拠点とは，①自治体が海外に職員を駐在させて単独または共同で事務所を設置運営しているもの（独自事務所），②クレアやJETRO等の他機関が運営する海外事務所等に駐在員として職員を派遣しているもの（機関等派遣），③自治体職員は駐在せず，現地企業等に業務を委託しているもの（業務委託）を指す。
（出所）自治体国際化協会報道資料「自治体の海外拠点一覧」（2014年9月末現在）。

第4章　ものづくり中小企業のベトナム展開に対する自治体支援について　67

表4-9　国別，自治体の海外拠点のランキング（2010年以降）

	国	都市数	設置自治体数	計	拠点数		
					独自事務所	機関等派遣	業務委託等
1	中国	15	51	73	39	9	25
2	韓国	3	20	21	10	5	6
3	シンガポール	1	16	17	8	5	4
4	タイ	1	17	17	1	1	15
5	米国	7	11	13	3	3	7
6	台湾	1	11	11	3	0	8
7	ベトナム	2	6	7	0	0	7

（出所）自治体国際化協会（2014）報道資料「自治体の海外拠点一覧」（2014年9月末現在）。

は中国，韓国，シンガポールの順で，この3カ国で全体8割を占める。タイ以下の各国では，現地企業等へ運営を委託する業務委託方式がとられているのがわかる。ベトナムは，業務委託方式で7カ所の拠点が運営されている。

　では，ベトナムでの拠点について，詳しく見てみる。設置されている7カ所の拠点の詳細は，表4-10のとおりであるが，愛知県以外は，民間企業が窓口となっている。いずれの拠点も自治体内の個別企業に対する進出前から進出時におけるサポートメニューと自治体の実施するビジネスマッチングのサポートが主な活動なっている。

　進出企業へのサポートについては，委託型の業務では限界があるため，現地で活動する支援機関や専門家，日系企業誘致に積極的な工業団地のエージェントであるコンサルティング会社などとのネットワークの構築が不可欠になってくる。

② 日系中小企業の誘致を目的とした工業団地での新たな支援の動き

　ベトナム社会経済開発10カ年戦略では「2020年までに工業国化を達成する」という目標が掲げられており，その達成には，裾野産業の育成が大きな課題となっている。ベトナム工業化戦略は，鉱工業生産の中では食品が，輸出の中では一次産品や繊維等の軽工業品が上位を占めている状況から，裾野産業の育成

表4-10 自治体によるベトナムの支援拠点

自治体	都市名	委託先	設置	主な活動内容
埼玉県	ハノイ	㈱NCネットワーク	2012	■窓口相談業務 ・貿易・投資相談業務 ・現地情報提供業務 ・展示会出展支援業務 ・商談・アテンド業務 ・取引先発掘・紹介業務　等 ■現地ネットワークの運営業務 ・ビジネスマッチング ・商談会，展示会の参加サポート　等
愛知県	ハノイ	計画投資省 外国投資庁 北部投資促進 センター内	2008	・本県進出企業間のネットワーク形成 ・本県とベトナム政府との協議等，情報収集 ・企業からの相談受付，情報提供 ・本県業務への協力
大阪府	ホーチミン	アイクラフト㈱	2006	・府内企業の海外進出支援(貿易に関する相談，取引候補先リストアップ，視察団のアテンド，出張支援等) ・現地経済情報の調査報告　等
岡山県	ハノイ	I-Glocal Co., Ltd.	2008	・現地での事業展開に関するアドバイス ・商談先企業の紹介やアポイントメントの手配 ・現地事情のレクチャー ・見本市・商談会への出展支援 ・その他現地情報の収集・提供　等
長崎県	ホーチミン	㈱フォーバル	2013	・現地での事業展開に関するアドバイス ・商談先企業の紹介やアポイントメントの手配 ・視察先への同行や現地事情のレクチャー ・見本市・商談会の出展支援　等
浜松市	ハノイ	Fair Consulting Vietnam Joint Stock Company	2014	・市内中小企業の海外ビジネス展開への支援 ・市が実施する海外ビジネス展開支援事業への協力
浜松市	ホーチミン	Fair Consulting Vietnam Joint Stock Company	2014	・市内中小企業の海外ビジネス展開への支援 ・市が実施する海外ビジネス展開支援事業への協力

(出所) 自治体国際化協会（2014）報道資料「自治体の海外拠点一覧」(2014年9月末現在) より抜粋編集。委託先は2015年9月現在の状況を筆者が加筆。

を含め，日本の産業政策の経験を踏まえ，協力していくこととして，日越二国間で始まった取組みである。

こうした流れから，ベトナム裾野産業の育成には，日系企業からの技術移転が不可欠であるとして，日系企業の裾野産業向け工業団地の造成が進んでいる。初期の段階では，工業団地の区画規模や仕様，サポートサービスの内容など日系中小企業側のニーズと乖離のあったものも少なくなかったが，小規模なレンタル工場の造成など日系中小企業のニーズに合った工業団地も増えてきている。

また，進出日系企業向けのサポートサービスについても，よりワンストップ性を向上させたサービスをインセンティブとして提供する工業団地もでてきた。ここで，いくつかの事例について触れていく。

《事例1：ロンドゥック工業団地》

ロンドゥック工業団地は，ベトナム南部ドンナイ省ロンタン地区に，双日を筆頭に大和ハウス工業，神鋼環境ソリューションと地元の国営食糧公社であるドナフードが出資して造成した日系工業団地である。

事業主であるLONG DUC INVESTMENT CO.,LTD.自身，現地法人設立に関するコンサルティング，工場建屋建設に関するコンサルティング，生産設備の調達・輸出入・据付業務，工場操業後の物流・ITサポート業務など，工場の立ち上げ時から操業中に至るまでのサポートを実施している。入居企業間の交流機会や人材紹介のサポートも充実している。

また，中小企業向けの小規模なレンタル工場区画には，自らの進出経験をノウハウとして大阪の富士インパルスを母体とする「ザ・サポート」が，日系中小企業区画を確保し，通常の最小ユニットである512㎡よりさらに小ロットな100㎡からの区画をサブリースにより提供するインキュベーションファクトリー（会社設立不要）や常駐スタッフによるサポート体制を構築している。

こうした動きをサポートするため，近畿経済産業局では，関西の10支援機関が共同進出を集中的に支援する「関西裾野産業集積支援モデル事業」を創

設。"Kansai Supporting Industry Complex"として位置づけ，2013年4月には，ドンナイ省人民員会と近畿経済産業局との間で協力文書を締結した。2015年5月現在，同団地には，分譲による入居が19社，レンタル工場に12社入居している。

《事例2：ビーパン・テクノパーク》
　ビーパン・テクノパークは，電動先端工具メーカーであるユニカホールディングスが出資してホーチミン市に設立した日越中小企業工業団地と国営企業であるIPC社の子会社であるHiep Phuoc工業団地が設立したVIE-PAN TECHNO PARK CO., LTD.が開発する日系中小企業専用工業団地である。同団地は，ホーチミン市輸出加工区・工業団地管理委員会（HEPZA）の支援を受けており，輸出加工区と工業団地両方の指定を受けた特別区であるため，製品の輸出関税や輸入原料に対する輸入関税が免税となる。
　こちらの区画も250㎡の小ユニットの提供と常駐のサポート体制を整備している。自社名義によるレンタル契約，あるいはビーパン・テクノパークとの業務委託契約による入居が可能（この場合，会社設立手続き不要）となっている。
　出資者であるユニカホールディングスは，1996年にホーチミンに複数の中小企業と共同出資で進出した経験をもとにサポートを実施する。VIE-PAN TECHNO PARK CO., LTD.の社長は，日本に帰化したベトナム人技術者で，日越のものづくりの懸け橋的存在である。
　同団地も近畿経済産業局の「関西裾野産業集積支援事業」の第2号案件として位置づけられており，2014年6月に同局とホーチミン市との間で協力文書が締結された。

《事例3：ドンバンⅡ工業団地》
　ドンバンⅡ工業団地は，ベトナム北部ハナム省に位置する100％現地民間資本VIDグループによる工業団地である。現在，28の日系企業が進出しており，同団地内には，日系中小企業専用エリア（JASMEC）も設置されている。長

屋タイプで，250㎡からの操業が可能で，土地使用権付の標準工場（1,000〜2,000㎡）では，団地内に自社工場を建設し，空きスペースを他の製造企業にサブリースする軒先ビジネスも可能となっている。

　進出日系企業へのサポートは，日系コンサルタントBTD Japan社がハナム省と連携して実施している。同社は，進出企業に対し，一般的に低コストと言われるレンタル工場への進出だけでなく，会社の投資計画を見て，分譲の方が低コストの場合もあるため，様々な選択肢を提供した進出支援を実施している。

　また，特筆すべきは，電力供給の確保，行政手続きの効率化など省人民委員長が約する「10のコミットメント」による日系企業への優遇措置である。このコミットメントを現実の支援につなげるべく，ハナム省ジャパンデスクではきめの細かい支援を実施している。デスクの責任者は日本に留学経験のある同省職員で，日本語が堪能で24時間体制のホットラインを担当している。デスクのあるハナム省人民委員会のオフィスには，会議スペースも設置されており，日常的に日系企業の勉強会や意見交換の場として活用されている。

③ 自治体と連携した工業団地での進出支援の動き

　以上のように，日系企業誘致を積極的に展開する工業団地での支援の動きを受けて，自治体が地方政府などとの連携協定の締結を背景に，特定の工業団地と提携して，進出時，進出後の手厚いサポートを実施する動きがでてきている。

　自治体が特定の工業団地と連携して小区画のレンタル工場やサービスマネジメント付きの進出支援をする動きは，さかのぼると2006年に東京都大田区がタイのアマタ・ナコーン工業団地に開設したオオタ・テクノパークが先駆けである。

　その後，すぐに追随する動きはなかったが，2014年7月に横浜市の横浜企業経営支援財団（IDEC）がベトナムとタイで，現地レンタル工場運営会社と連携の覚書を締結し，ヨコハマファクトリーゾーンを開設した。覚書を締結したのは，ベトナムがKIZUNA JV社で，南部ロンアン省のKIZUNA 1工業団

地である。タイは，工場賃貸大手のタイコン・インダストリアル・コネクション（TICON）の運営するアジア工業団地スワンナプーム。いずれも，500㎡，550㎡クラスの小規模なレンタル区画を有し，同市内企業の優先区画や賃料の優遇措置，現地スタッフのサポートを受けることができる。

同様に，2014年7月に神奈川県がベトナム計画投資省と覚書を締結し，「神奈川インダストリアルパーク」を開設した。進出支援先は，ベトナム北部クアンニン省にある住友商事が出資したThang Long Industrial Park II Corporation運営の第2タンロン工業団地。初年度の管理費が無料となる優遇措置のほか，地元金融機関や損保会社とも連携し，進出前から進出後のサポートを提供する。

さらに，2015年8月，JICAは，ベトナムの大手国営銀行であるベトナム投資開発銀行（Joint Stock Commercial Bank for Investment and Development of Vietnam: BIDV）との間で，「ベトナム国中小企業・小規模事業者向けレンタル工業団地開発事業」を対象とした貸付契約に調印した。本事業は，ベトナム南部のドンナイ省に位置するニョンチャックIII工業団地内において，約18haを対象にレンタル工業団地開発事業を行うために必要な資金をJICAが海外投融資を通じて支援するものである。

本事業を実施する特別目的会社は，フォーバルが現地企業との共同出資により2015年6月に設立したJapanese SMEs Development JS Company（以下「SPC」）。また，県内企業のベトナム進出を促進するため，SPCに対して埼玉県が出資参画を予定しており，実現すれば，地方自治体が海外の工業団地運営会社に出資する初の取組となる。併せて同県と包括連携協定を結んでいる埼玉りそな銀行も，グループのりそな銀行が2015年3月末にホーチミン市に開設した駐在員事務所で，現地情報の提供や地元金融機関との取引を支援する。埼玉県は出資による県内企業向け優先ゾーンの確保等を通じて，また業務提携先である金融機関は県内企業への情報提供を通じて，同県内企業の海外進出支援を予定している。

ベトナムの工業団地への企業誘致は，地方政府に権限が委譲されており，今

後，都道府県や政令市を中心に，日越の地方同士の連携協定を背景にした工場団地への進出支援は増えるものと推察される。ベトナムでの交通網等のインフラ整備がさらに進めば，操業地の選択肢はさらに広がるものであり，こうした傾向はよりいっそう進むだろう。

また，地方創生の名のもと，産学公民金の連携が推奨されており，自治体と地元の金融機関の協定締結も多くなっている。そうした中で，金融機関の現地駐在機能等と連携した埼玉県のような海外展開支援の動きも広まる可能性が高い。

4. 人材確保と育成に関する支援

最後に人材確保と育成に関する支援であるが，これは，ほとんど自治体で支援する仕組みがないのが現状である。

中小企業では，進出時にあっては，海外展開を担当する人材の確保が大きな課題であり，多くは経営者自らや親族等の役員クラスが担当することが多い。また，準備段階で，ベトナム人技能実習生の受け入れや留学生の採用などを通じて，ベトナム人材を日本で育成し，現地のマネジメント人材にする中小企業も多い。

進出後の採用については，幹部クラスや総務関係のスタッフは人材会社からの採用で，ワーカーは，工場での掲示板での募集や従業員からの紹介が一般的であるが，定着が悪くいわゆるジョブホッピングが激しい。

中小企業の進出が多くなってきている近年の状況にあっては，業歴の浅い中小企業も多く，まずは，生産体制の確立が目標となるため，現場経験の無い新卒者より，経験者の採用を優先させている企業が多い。ただ今後の状況としては，現地法人の管理をベトナム人スタッフに委譲したいと考えている企業も多く，そうした企業では，管理職の確保・育成が大きな課題である。また，生産現場のリーダークラスの養成，さらには，ベトナム人同士の技能伝承など生産現場での人材に関する課題も多い。ジョブホッピングはこうした日本型の人材・技能の継承システムにおいては，致命的な課題であり，どのように克服す

表4-11 JICA草の根技術協力事業における自治体が提案した産業人材育成関係事業

事業期間	プロジェクト名 （提案自治体名）	プロジェクト目標
2011.4 〜 2014.3	ハイフォン市製造業の工場管理力向上プログラム（北九州市）	ハイフォン工業職短期大学（HPIVC）において，生産マネジメントに係る人材育成プログラムと，プラントエンジニアリングに係る相談窓口が定着する
2013.6 〜 2016.3	機械系技術技能教育の指導力向上プロジェクト（千葉県）	ハノイ工業職業訓練短期大学HIVCがベトナム産業界のニーズに応える技術技能者育成において日本と同等レベルの機械系技能検定（普通旋盤作業及び機械検査）に対応した職業訓練教育を実施できるようになる
2013.12 〜 2016.3	バリア・ブンタウ省における金属関連裾野産業振興支援並びに人材育成事業（三条市）	1. 地場産業の振興に必要なノウハウを習得する 2. ベトナム企業の管理者や職業訓練校教員が当市の技術系人材育成手法，商品開発・デザイン力，知財・品質管理について，企業発展のために必要なノウハウを習得する 3. 当市内の中小企業がベトナムの金属関連産業の市場拡大への適応能力の向上を図る
2014.2 〜 2017.1	ベトナム・ハノイにおける即戦力IT人材育成のための教育環境強化事業（札幌市）	即戦力，且つ，長期的に活躍可能なIT技術者が育成される教育環境が構築される
2013.8 〜 2016.7	ホーチミン市職業訓練短期大学におけるモノづくり人材育成支援事業（川崎市）	ホーチミン市職業訓練短期大学において，ベトナム若手技術者の現場リーダー養成を目的とした日本独特の高度かつ精緻なモノづくり訓練プログラムが実施される。
2014.6 〜 2017.3	ベトナム国ドンナイ省におけるものづくり人材育成事業（大阪府）	ドンナイ省のモデル校において，日系企業のニーズに対応した教育カリキュラムを適切に，かつ継続的に指導できる体制が構築される
2013.11 〜 2016.3	ハイフォン市製造業の技術力・経営力向上ノウハウ移転プログラム（北九州市）	ハイフォン市が地元製造業の技術力及び経営力を向上させるためのさまざまなノウハウを習得する

（出所）独立行政法人国際協力機構『草の根技術協力事業』ホームページより編集（2015年9月確認）。

るのかは，産学官での連携が鍵となる。

　このような中，日常的な支援ではないが，JICAの事業を活用していくつかの自治体が，現地の地方政府や大学・職業訓練機関と連携して，特定の課題解決に向けた，人材育成の取組みの支援を実施している。

事例として，筆者も専門家として関与している大阪府の「ベトナム国ドンナイ省におけるものづくり人材育成事業」について触れる。本事業は「JICA 草の根技術協力事業」の「地域経済活性化」枠を活用し，実施団体である太平洋人材交流センターとともに取り組んでいる。

　ベトナムは2020年までの工業国化を目指し，職業訓練の規模拡大を国家目標のひとつとしている。同時に生産分業適地として多くの日系ものづくり中小企業がベトナムに進出している。そのような中，生産現場における有能なワーカーやテクニシャンクラスの人材確保が課題となっているのは，前述のとおりである。

　本事業では，このようなニーズに応えるため，現地の技術者養成の中核を担う，ロンタイン・ヌンチャック職業訓練短大及びラックホン大学の両校をモデル校として，ドンナイ省の工場団地管理局（DIZA）をカウンターパートにそのカリキュラムの改善と教員の指導能力向上及び日系ものづくり中小企業との連携体制の構築を目指すものである。

　なお，対象地域であるドンナイ省は，前述のとおり，関西地域とベトナムの経済発展促進を目指し，近畿経済産業局が同省人民委員会と協力文書を締結している地域であり，関西の中小企業裾野産業集積モデルの形成の一端を担う取組みである。

　事業の具体的な内容は，モデル2校に対し，①企業経営者による講話と工場見学②3S・5Sの取組み③安全教育④現場で必要な日本語を教育カリキュラムとして実施するとともに，それぞれの学校に日本企業の現場や安全意識を体感できる「模擬生産現場」「安全体験室」を設置することで，実践的な「生産現場基礎力」を身につけた人材の養成を目標としている。

　加えて，本事業終了後も両校の教育内容への助言や生徒の就職に関して日系進出企業と現地教育機関との関係構築が不可欠であるため，教育機関・日系企業間の関係を維持し続けるための「事業推進委員会」を立ち上げる。委員会は本事業に協力意志のあるドンナイ省進出の日系企業，ドンナイ省側のカウンターパートであるDIZAとモデル校2校および日本側の専門家・PREXで構成

され，日系ものづくり中小企業がカリキュラムの運用・改善へ継続的に関与してもらう場にする予定である。

今回の事業実施にあたっては，製造現場のリーダーいわゆるテクニシャンクラスの養成を担ってきた大阪府立大学工業高等専門学校や大阪府立の工科高等学校の教員を専門家として迎えた。また，現地の教育機関の状況をよく知る人物として，ハノイ工業大学にJICAの長期専門家として技能者育成支援プロジェクトを担当していた人材育成の専門家も招聘した。

第4節　おわりに

これまで，ベトナムに進出するものづくり中小企業に対する自治体支援について，まずは，支援対象となる企業像を明らかにした上で，主として自治体の取組みを中心に，いくつかの提案をした。最後に，さらなる自治体支援を深化する上での課題と提案について述べてみたい。

1. 現地キーパーソンの発掘とネットワーク化するための自治体の体制づくり

自治体の海外展開支援において，現地での支援体制づくりが最も難関である。そういう意味では，事例で触れたいくつかの工業団地で積極的なサポートを行い活躍しているキーパーソンや現地の公的支援機関の経験者などボランタリーに動いてくれる人材とつながっていくことが重要になる。しかしながら，自治体による海外展開支援においての課題は，定期人事異動による人的ネットワークの断絶である。

これを補完するため，実施の実行部隊は，自治体の外郭団体である産業振興財団が担うことが多いが，出資法人に対しても十分な予算措置がされているかという点では疑問が残る。加えて，厳格な定数管理を求める自治体の指導もあり，新規採用については，欠員補充レベルの団体が多い。結果，産業振興財団においてもベテラン職員の退職に伴う影響により，同じように人的ネットワークが断絶するケースも散見されている。

一方，自治体職員が現場に立つことのできる海外駐在事務所もほぼ新設は委託化の方向で，自治体直営の駐在事務所は縮小する傾向にある。こうした状況が続けば，海外展開支援にあっては，ほぼ自治体職員の専門性は無くなると言っても過言ではない。

こうした事態を防ぐには，自治体職員をJICA事業などを通じて，現地の課題解決に当たるなど現場経験の場に積極的に出すことが必要である。また，産業振興財団と自治体間とで人事交流を行うなど，一定期間，相互の職員が複数人，継続して行き来し海外展開支援を担当するような人事上の工夫も戦略的に実施することが望まれる。

2. 現地ローカル企業の技術力向上への支援

今後，ベトナムが組み立てを基本とした汎用品の生産基地から，高付加価値品や現地市場向け仕様変更レベルの研究開発へシフトしていくには，現地ローカルの裾野産業の技術力の向上が不可欠になってくる。ただ，ベトナムの教育訓練機関では，社会人経験なく教職につくものも多い。年配の技術者は，戦争の影響で多くはおらず，自国内での技能伝承による技術移転が難しい。よって，裾野産業の育成には，海外からの技術移転と技能伝承手法の獲得が重要となってくる。

日本では，中小企業の技術支援において公設試験研究機関（公設試）の果たした役割は大きい。日本の公設試は，明治20年頃から農林水産系での設置から始まり，工業系も明治34年の「府県郡市工業試験場及ヒ府県郡工業講習所規定」の制定により設置が進み，昭和初期までにほとんどの府県に設置されていた。第二次大戦後は，都道府県に引き継がれ，戦後の製造業の復興と高度経済成長期の中小企業の技術力向上に大きな役割を果たしてきた。当時，中小企業では設備導入が難しかった欧米の最新の設備を公設試が導入し，業種組合などと連携して技術普及に努めた。行政施策として実施された設備導入に関する補助金・融資制度の整備と併せ，中小企業の設備高度化と技術の高度化の起点となった。

ベトナムでは，JICAが2006年8月〜2008年8月までの3カ年にわたり「中小企業技術支援センタープロジェクト」において，ハノイ中小企業技術支援センター（TAC Hanoi）への支援に入ったが，人材不足もあり設備・機材の導入など公設試機能の設置には至らなかった。

　このような中，東京都立産業技術研究センター（都産技研）が，ASEANに展開する日系中小企業への技術支援を目的に，2014年11月にタイ工業省と覚書を締結し，2015年4月バンコク支所を開設し，以下のサービスの提供を始めた。

- 日系中小企業の技術相談（無料）
- 主にタイ進出日系中小企業の現地工場での実地技術支援
- 技術セミナーの開催
- 中小企業の海外インターンシップ協力

　公設試の機能は，今後のベトナムの工業化に欠かせない支援ツールであるが，各省レベルでの設置見込みが無い状況にあっては，都産技研のように，自治体の公設試が自ら支所開設の形で現地で活動することは日系企業にとっても頼もしい支援である。

　今後，他の都道府県の公設試でも同様の動きがあるかもしれないが，一方で，公設試の研究員の原資も少ない中，ばらばらに進出するのではなく，進出先の重複を避ける役割分担や拠点を共有するなど連携した取組みを期待したい。

3. ものづくり中小企業の海外展開と自治体支援のコンテクスト

　少子高齢化と製造業離れが進むわが国では，量産の製造ラインを中心に海外との生産分業が常態化してきている。日本ではすでに後進となった技術・設備もベトナムでは現役で活躍できる。そもそも大手メーカーは，組み立てメーカーの側面があり，新興国への生産拠点の移転には合理性があるが，熟練の高

度な技術による加工と分業による刷り合わせを旨とする中小企業にあっては，ベトナムでの生産移転は困難な側面もある。そうした中にあって，工程や製品の生産適地を見直し，海外との分業体制を決断した中小企業にとっては，少しでも有利な操業の地を求めるのは当然のことであり，少ない経営資源の元，失敗もできない現実がある。

　一方，自治体にとって，地元企業の海外進出は，産業の空洞化を生むものとして，積極的な支援に踏み込めずにいたが，国内需要の先細りや後継者の不在により多くの企業が廃業するなか，海外展開をもって経営の安定化を図ってもらう方が，結局は，地元企業の活性化，継続につながるとの中小企業白書（2012）などでの指摘もあり，積極支援に乗り出す自治体も増えてきている。

　こうした中，とりわけ，生産拠点の海外進出に際しては，特定の地域との連携のもと，日越双方の地域間でWIN-WINの関係を見出し，連携するケースがでてきた。自治体の少ない経営資源を重点的に投下する手法は，今後も増えてくる。

　ベトナムにおける自治体の現地拠点は，中国や韓国，シンガポール，タイに比べれば，まだ少ないが，ハノイとホーチミンで分散する傾向があり，自治体間で連携した拠点づくりを期待したい。そうすることによって，たとえば，ハノイにはA県とB県が共同で運営，ホーチミンにはC県とD県，タイは，E県とF県といった具合に，少ない人的資源をもってしても，継続性を持った現地ネットワークの形成を図ることができる。

　最後に，日本においては，高度な熟練技術者や生産ラインの立ち上げに関与した生産技術者も高齢化が進み，ノウハウを移転する最後の時期に差し掛かっている。一方，ベトナムでは，2020年の工業化目標の達成には，さらなる裾野産業の育成が不可欠な状況にある。

　自治体は，これまでの産業政策のノウハウを草の根の外交で移転し，地元中小企業の活性化とベトナムの裾野産業の育成に寄与するWIN-WINの取組みを戦略的に，かつ，自治体間連携で推進するための必要な体制整備を進める必要がある。

【参考文献】

近畿経済産業局（2013）『中小企業の海外展開支援に向けた，関西アジア新興国の地域間における戦略的経済交流促進のための調査研究』．

経済産業省（2012）『中小企業白書 2012年版』日経印刷．

経済産業省（2015）『第44回海外事業活動基本調査』．

経済産業省中小企業庁（2005）『公設試経営の基本戦略～中小企業の技術的支援における公設試の在り方に関する研究会中間報告』．

自治体国際化協会（2015）『自治体の海外拠点一覧』．

中小企業基盤整備機構（2012）『平成23年度中小企業海外事業活動実態調査』．

日本貿易振興機構（2015）『2014年度日本企業の海外事業展開に関するアンケート調査』．

日本貿易振興機構『2015年ベトナム一般概況』．

領家誠（2015）「ものづくり中小企業の海外進出と地方自治体の役割」大野泉『町工場からアジアのグローバル企業へ』中央経済社．

(参照URL)

大阪府『海外拠点リスト』
http://www.pref.osaka.lg.jp/keizaikoryu/mono_kaigaikyoten/

京都産業21『京都府中小企業海外進出企業案内』
http://www.ki21-cn.com/kyotojp/pdf/book-web-jp.pdf

日本貿易振興機構『ベトナム北中部日系製造業・関連商社サプライヤーダイレクトリー（2015年9月）』
https://www.jetro.go.jp/world/reports/2015/02/88c3384229987643.html

埼玉県報道発表資料『埼玉県ベトナムサポートデスク及び埼玉県タイサポートデスクの設置について』
https://www.pref.saitama.lg.jp/a0001/news/page/news140801-05.html

大阪ビジネスサポートデスク
http://www.pref.osaka.lg.jp/keizaikoryu/promotiondesk/

日本貿易振興機構『ベトナム裾野産業「優良企業」』
http://www.jetro.go.jp/world/asia/vn/company.html

日本貿易振興機構『ベトナム北部・外資サプライヤーリスト』
http://www.jetro.go.jp/world/reports/2013/07001541.html

ベトナム日本人材協力センター（JVCC）
　　http://ja.vjcc.org.vn/
近畿経済産業局『関西とベトナムとの経済交流事業』
　　http://www.kansai.meti.go.jp/2kokuji/glocal_PT/vietnam/kansai_vietnam.html
横浜企業経営支援財団
　　http://www.idec.or.jp/kaigai/advance/index.php
神奈川県『神奈川インダストリアルパーク』
　　http://www.pref.kanagawa.jp/cnt/f531752/
国際協力機構（2015.8.13）プレスリリース『ベトナム社会主義共和国「中小企業・小規模事業者向けレンタル工業団地開発事業」に対する海外投融資貸付契約の調印』
　　http://www.jica.go.jp/press/2015/20150813_01.html
国際協力機構『草の根技術協力事業』
　　http://www.jica.go.jp/partner/kusanone/
東京都立産業技術研究センター　バンコク支所
　　https://www.iri-tokyo.jp/tiri-bb/index.html

（領家　誠）

第5章 ベトナム進出企業事例

第1節　はじめに

　本章では，以下において，ベトナムで現在事業を行っている日系企業の事例をとりあげて紹介している。これら7社は，このうちアパレル関連の1社を除き，他の6社はいずれもが機械金属関連の製造業である。そしてベトナム法人でこそ数百人から1000名を上回る企業規模のところも見られるが，いずれの親会社も日本の中小企業である。本事例をとおして，日本の中小企業がベトナムにおいて様々なかたちで事業を積極的に展開している姿が確認できるであろう。

第2節　従業員巻き込み・家族重視により定着率を上げた
　　　　プラントメーカー

```
企 業 名：SOLTEC VIETNAM COMPANY
親 会 社：株式会社ソルテック工業（大阪府大阪市生野区）
所 在 地：ヌンチャック工業団地Ⅲ（ドンナイ省）
業　　種：プラント製作，プラント工事，プレハブ配管
創　　立：2010年9月
従業員数：約270名
```

　ソルテックベトナムは，大阪市生野区に本社を置く株式会社ソルテック工業の100％子会社である。親会社であるソルテック工業は昭和60年に大阪市天王寺区に本社を，大正区に倉庫を設立してスタートしたが，現在では日本国内には泉南市，尼崎市，川崎市，和歌山県に工場を持つ。各種プラント設備の製作・据付・配管工事を行うほか，環境関連施設設備工事および環境関連製品の製作・リースを行っている。海外拠点としては，ベトナム（ドンナイ省ヌンチャック郡）のほかにタイ（サムットプラカーン県バーンサオトン郡）に子会社を持つ。

　子会社であるソルテックベトナムでは，プラントで使うタンクや工業用機械のほか，医療機器の生産機械や製缶も扱う。一点一様にオーダーメイドでの受注製作である。ソルテックベトナムは「職人集団」を目指している。ソルテックベトナムでは生産のうち5割は日本本社へ送り，残りは在ベトナム日系企業およびマレーシアなどの在ASEAN日系企業に納入している。ベトナム拠点では97％が自社制作であり，品質管理と納期管理を日本水準にまで徹底して行っている。海外生産によるコストカットと品質・納期管理を両立できることが同社の強みであり，基本的には日本本社での受注およびベトナム子会社で受注している。たとえばソーラーパネルを例にとれば，ベトナムで生産をしたものを日本に送り，大阪で完成までの作業を行ったうえで東京に運んで取り付け工事をする，という流れとなる。

　また，少しずつではあるが，上記とは反対にベトナムで受注して日本本社に

紹介する場合もある。ベトナムの営業先，工業団地の日系企業同士のネットワークにおける情報収集からこのような逆の流れが可能となっている。

ベトナムへの進出は2010年で，きっかけはリーマンショックにより2009年には44億円あった本社売上が半減したことである。進出先としてベトナムを選択した理由には，同国から来日した技能実習生をベトナムで再雇用することにより，即戦力となる数名の人材が見込まれたことがあった。また，それまでにも日本語や品質管理のできる技能実習生OBが帰国後にベトナムで習得した技術技能と無関係な職につく例が多く，かれらが研修成果を活かして働ける雇用の場を設けたいとの考えも併せてあった。

ベトナムの人的資源管理において一般に課題となる離職率の問題は，ソルテックベトナムでは6％前後（2014年9月のインタビュー当時，6.2％）と低い水準に抑えられている。一般にベトナムの離職率が20％台前半であることを考えると，同社は離職率低減に成功しているといえる。

ベトナムでの操業における人的資源管理の課題として，コスト意識などの経営参画意識が育ちにくいこと，会社よりも家族を大切にする家族主義が色濃く愛社精神・オーナーシップに薄いことなどが聞かれるが，ソルテックベトナムではこの社会文化を踏まえて，社内行事と情報共有・経営参画を巧みに組み合わせて課題を解決する仕組みを作っている。ソルテックベトナムでは四半期ごとに成果報告会を行い，売上などの四半期報告および従業員表彰や，次期の利益目標設定を行っている。つまり，この成果報告会は，目標を達成した場合の従業員への還元方法を皆で決定する場でもある。経営数値を従業員全員に開示し，売上・利益・コストなどの数字に慣れさせるとともに，次期目標設定や還元方法の選定において意思決定に全員を参加させることでコミットメントを引き出している。中間管理職やその候補となる従業員に経営数値を示して理解させ，経営意識を涵養する取り組みは他社でも多数みられたが，入社したてのワーカーも含む全従業員を対象とする点でユニークである。

また，利益の還元方法そのものが離職率低下を導くこともある。過去の還元方法については夜間照明付きフットサル練習場の設置などが挙げられ，目に見

える成果が表れた。ベトナムではフットサルやサッカーの人気が高く,各社がチームを持ち大会や試合も多い。自社グラウンドに夜間照明付きのフットサル練習場を持っている事実は,従業員にとって誇りを持てることであり,この練習場建設後に離職率が激減した。成果の還元方法を従業員みずからに決めさせたことが好ましい結果を生みだした。

　家族主義であるベトナムの社会文化への配慮も,離職率低減に役立っていると思われる。年一回の社員旅行には,従業員の家族を無料で招待している。加えて,工場やオフィスなどの見学も行っている。これは家族が従業員の働く現場を確認して安心してもらうためで,家族の意見が強く影響するベトナムでは家族に反対されると辞めてしまうからである。

　今後の展望としては,ベトナムは現在の方向性を継続し「職人集団」を目指す。2014年にシンガポールに非プラント事業のホールディングカンパニーを設立したため,非プラントのグローバルな中心をシンガポールに(プラント事業の中心は日本本社),ASEANの中心をタイに,製作の拠点をベトナムに配置すべく,ベトナムを製作拠点として,マレーシアやタイをはじめとしたASEAN各国に営業から施工までを扱う重要拠点である取り付け会社を展開する構えである。

(大内寛子)

第3節　中小製造業が取り組む職務職階制度の確立による雇用継続

```
企 業 名：KSM CO., LTD.
日本本社：株式会社伸和製作所（大阪府枚方市）
所 在 地：Long Thanh工業団地
業　　種：船舶用ディーゼルエンジン部品加工等機械部品加工
設　　立：2012年8月
従 業 員：50人（2015年4月）
```

　親会社である伸和製作所は，油圧・船舶用ディーゼルエンジン部品加工企業として創業した大阪枚方市の津田サイエンスに立地する金属部品加工の会社である。資本金は，3,000万円，従業員42人。創業以来，船舶用ディーゼルエンジン部品の加工及び組み立てを主に，建設機械の精密油圧部品の加工・組立や変圧器，工業用ミシン，印刷機械部品の加工等も得意としている。

　伸和製作所では2004年からベトナム人技能実習生の受け入れを始め，ベトナム人の勤勉さや手先の器用さに驚き，彼らの将来性と会社の発展を重ね合わせ2012年8月に現地法人であるKSM CO., LTD.を設立した。

　2012年11月の創業に合わせ，総務人材1名，ホーチミン師範大学から6名の新卒者を採用し，日本からは3名の技術者を現地に派遣し，当面は親会社とKSM間での委託加工業務を中心に生産を開始。基盤が固まれば将来的にはベトナム国内のほか，ASEAN諸国への販売拡大も視野に入れた展開も検討している。

　現行組織体制は，社長と統括管理者の2名が日本人で，あとはベトナム人の従業員となっている。生産品は，全量，親会社に納入している。現地での操業年数が浅いこともあり，生産体制の確立に向けた人材の確保・育成に課題を抱えている。

　まずは，採用時の課題であるが，新卒者は，実務的に即戦力には程遠い。大卒者に専門的な用語を問うても半分程度の理解力だという。大手・中堅企業では，社内における研修体制も充実しているが，中小企業においては，OJTを中

心とした育成体系となる。操業当初の段階では，現場でいち早く稼動できる人材として，学歴より経験を優先して採用をしているとのことであった。ちなみに，同時期にヒアリングを行った他の日系中小企業でも「新卒より経験者」という企業が多かった。また，日本語レベルも，ホーチミン市とドンナイ省では，同じN3レベルでも違いがあるとのことだった。

　次に育成については，2～3年の短期で職を変えるいわゆるジョブホッピングや取得した技能を教えたがらないといった技能伝承の課題が大きい。とりわけ当社のような中小企業では，大手と違い，福利厚生面での引きとめにも限界があるため，対応に苦慮しているとのことであった。

　転職の事由の多くは「賃金」であることから，当社では，給与体系について，最低賃金を基点に，部長級までの各職位職階の賃金テーブルを整備し，明確化を図っている。また，そもそも職住近接を志向する気質もあり，また，通勤事故と人件費の抑制につながるため工場周辺の従業員にのみ住居手当を支給し優遇している。

　また，技能の伝承とマネジメント能力の向上に向け，できるだけ，現場で技能を積み，ワーカーやリーダーなど現場から職階を上げてもらう仕組みとして，上位職階のポストをあえて空席にして，目指してもらうシステムも導入している。

　ただ，こうした仕組みを用意しているにも関わらず，思うようにポストが埋まらないという。これには，人事異動や配置転換の難しさが影響している。例えば，日本人管理者側が，能力評価をして，管理ポストに就けたが，部下が指示に従わない。また，現場から検査室へ異動した従業員に，再度，現場での巡回検査業務を指示したところ，現場業務を嫌い拒否する対応が見られたとのことである。今後，人事異動や配置転換については，人選などをベトナム人管理職に任せて，責任を持たせる方向で進めるなど，試行錯誤を続けていくとのことであった。

　比較的規模の小さい中小企業の進出が，今後も進む状況の中，ベトナムの現地人材の確保・育成は，大きな課題である。当社の抱える課題は，日系中小企

業が抱える共通の課題である。中小企業では，社内で体系的な研修が難しい中，優秀な即戦力を確保できる採用ルートの確保や採用面接時での能力評価の方法の確立。育成面では，避けることができないジョブホッピング対策については，答えがない。当社のような給与体系や昇任昇格システムの明確化のほか，福利厚生面の充実や家族的な経営など様々な取組みが実践されている。

職業訓練・教育面の充実や産学連携の推進，日本語教育環境の充実など，地域で取り組むべき課題も多い。大学や職業訓練短大での教育内容が実践的でない点については，教員の資質が影響している。ベトナムでも高等教育化の傾向から，高等教育機関の学生は増えており，教員も急増しているが，実務や製造現場の経験のある教員は少ない。日本語教育の環境もホーチミン市と他の地域では，日本語学校など日本語に触れる機会でも格差があるため，従業員が，就労後も日本語を学べる環境を地域でどう整備していくのかが課題となっている。一方，こうした課題に取り組むには産学連携が必要となるが，取り組みは進んでおらず，産業界の現状を教育現場に反映させる仕組みも少ない。今後，日系企業と教育界の連携を進める場作りやつなぎ役となる現地機関の創出も重要である。

現在，JICAの草の根技術協力事業として「ベトナム国ドンナイ省におけるものづくり人材育成事業」が実施されている。本事業では，当社が立地するドンナイ省内の二箇所の職業教育機関をモデルに両校と日系中小企業とが連携して相互の教育ニーズを交換する場作りを進めている。具体的には，同省工業団地管理局をつなぎ役として，推進会議の立ち上げを行っている。2015年5月に開催された第1回の会議には当社が参加し，その後，モデル校に対し中古機械の寄贈を申し出るなど具体的な動きにもつながってきている。今後は，こうした，日本とベトナム双方の産学官の取組みを通じて，現地の日系企業の操業環境の整備を進めていく必要がある。

(領家　誠)

第4節　ベトナムにおける中小製造業の経営
　　　　―ベトナム進出のメリット活用と人材活用術

```
企 業 名：TOWA Industial Vietnam
日本本社：株式会社東和製作所
所 在 地：Tan Thuan輸出加工区
業　　種：精密部品加工
操　　業：1995年ライセンス取得，1996年操業開始
従業員数：700名（2015年11月）
```

　親会社である㈱東和製作所は，1949年新潟県新発田市で起業し，かつてはミシンのボビンケースの世界シェア70％を誇る企業であった。現在は，中国の模倣品にシェアを奪われたものの，依然として自社ブランドのボビンケースを製造しているほか，自動車のアンチロックブレーキシステムのブレーキ，新幹線のブレーキ，農業機械の精密油圧など，精度がミクロン単位の高精度加工部品の製造を行っている。1995年にベトナム進出して以来，製造部門を少しずつベトナムに移し，現在では日本で主として研究開発と検査を行っている。つまり，高精度部品は本社の営業開発部門が設計して生産工程を日本で組み立て，条件設定したものをベトナムに輸出している。サンプリングは半年から1年かかるが，日本での試作価格とベトナムでの製造価格を提示し，顧客が合意すればベトナムで製造する。かつてはベトナムでの製造を嫌がる顧客がいたが，現在ではほとんどの顧客が合意する。ただし，加工精度の極めて高い特殊な製品に限っては，当該設備のメンテナンスをベトナムではできないため日本で製造せざるを得ない。

　このため，日本本社の従業員数は100人に減少しているが，製造部門のベトナム移管の過程では悩ましい問題を乗り越えてきたようだ。他方で，ベトナムに進出して20年経過するとこちらでも人材面での課題が出てくる。社員の賃金が上がりきって高コスト構造となっていることである。また，創業期のメンバー（40～50歳）が幹部ポストを占め，ミドルクラスの社員は幹部ポストが埋まっているためモチベーションが上がらないという問題がある。意図的な

世代交代を考えるべき時期に来ている。これは同時期に投資したどの日系企業も共通して抱える課題である。

　他方で，日本で週6日とか7日間24時間操業をすることは人材確保の面で容易ではないが，ベトナムでは極端な繁忙期には4交代制（法定の残業時間の上限があるため）にして24時間操業が可能である。これもベトナムでは多くの人材を容易に確保できるからである。また，中小企業でも能力の高い人材を確保できるのもベトナムならではである。日本とベトナムでは求める人材の特性が異なる。日本では本部機能を発揮するのに必要な専門知識やバランス感覚であるが，ベトナムでは柔軟で新しい発想や企業を盛り上げていくような活気のある人材が重要となる。

　加工原料の鋼材は全て日本からの輸入（顧客からの銘柄指定のケースがほとんど），梱包材は現地地場企業から調達，鋼材を加工するカッターは現地進出日系企業から調達している。

　製品の出荷先は，ベトナム工場からは欧州，ASEAN（タイ，インドネシア），台湾，中国，日本，ベトナム国内であり，日本本社からは中東や米大陸に出荷している。中国上海に販売会社も設立している。この20年間に顧客が次々とベトナムやASEAN域内に移転してきたため，ベトナムから全てカバーできている。

　ベトナムでは既に3工場を有しており，オペレーションは基本的にベトナム人に任せている。設立当初から日本人社員の常駐の駐在員はいない。このことは，外国で働きたいとする人材が少ない新潟県で，社員に海外勤務のストレスをかけずにベトナムで工場を回せていること，ベトナム人に任せることで人材育成が上手くいったこと，駐在員がいないことは人事異動による経営の切れ目ができなかったことなどのメリットが結果としてあった。

　この20年間の為替が基調としては円高であったこと，顧客との関係も含めて生産移管が円滑にいったこと，EPEとしてFTAを上手く利用していることなど，経営は時代に乗った形で上手く実施できたためベトナム工場の経営は比較的順調である。しかし，近年は，円安，人件費の高騰，中国など他のアジア

の国々の市場拡大ペースが縮小していることから，ビジネスモデルをこうした状況に適応させるため悪戦苦闘する毎日であるという。

（安栖宏隆）

第5節　新卒の育成・日本語での顧客対応にこだわる
　　　　FA機械装置メーカー

```
企 業 名：EBA MACHINERY CORPORATION
日本本社：エバ工業株式会社（三重県員弁郡東員町）
所 在 地：野村ハイフォン工業団地
業　　種：機械産業部品製造
創　　業：2003年
従業員数：316名（2014年11月現在）
```

　エバマシナリーコーポレーションはベトナムのハイフォン市にある野村ハイフォン工業団地にあり，エバ工業株式会社を本社とする海外子会社である。エバ工業は1953年に板金・プレス・製缶などを主たる業種として創業された江場工業所を前身とする。現在ではFA機械装置（パレットチェンジャー等）を自社製品として設計製造し，受託製品には横型マシニングセンタ，自動車向け専用機，繊維機械，半導体関連機械などがある。本社（三重県員弁郡東員町）にFA工場（大型製品の一貫生産・溶接）および自動車部品工場（多種変量生産）を持つ。資本金は6,000万円，従業員数は193名である。

　ベトナム工場はハノイ空港から100kmの距離にある野村ハイフォン工業団地にあり，設計・鋳造・板金・製缶・機械加工・塗装・組立を行う。機械製造を中心として2003年創業とベトナムでは比較的長く，約300名の従業員が働く。ベトナム工場の位置付けは日本工場の縮小版であり，設計・溶接・鋳造・機械加工・塗装・組立のいずれをもこなせる。

　進出時には，3年で採算ベースに乗せることを目途に現社長の自由裁量で採用育成計画が任された。まずは30名を採用し2ヶ月間の合宿で集中日本語教育を行った。以降は，教育を受けた第1期生が同じ教科書を用いて2期生以下を教えてゆく仕組みをつくった。わずか30人でスタートした工場は現在300人を超える従業員を雇用する。中途採用の従業員が経験への過信から他工場のやり方を持ちこみ，自社のやり方の習得に弊害が生じると考え，創立以来，新卒だけを採用して育成している。新卒採用に限定し，日本語を含み「一から教

育」する。技術を持たない新卒の育成コストは，ベトナムの給与の低さで吸収できると考えている。育成コストを採用後現場に入る前に集中的に研修を受けさせる間の給与でコスト比較した場合，ベトナムであれば日本の十分の一以下の負担で済むため，熱心に育成して採算が合うとの考えである。

現在も引き続き，新入社員に対して入社後の2ヶ月間，8時から5時まで集中して日本語教育だけを行う。日本語教育に注力する理由の第一は，日本人顧客の多さである。英語に堪能な日本人は社長などのトップマネジメントのみで他の日本人派遣者は日本語でのコミュニケーションの方が確実である場合が散見されたため，社内では英語より日本語のスキルを重視している（ただし，近年アメリカの企業が取引先に加わったことから数名に対しては英語教育も施しグローバル化も進めている）。理由の第二に，短納期の受注生産という性質がある。日本語で書かれた図面を理解し，自分たちで考え行動する事を重視しスピード感を出す。依頼主や社内の日本人管理職とのコミュニケーションも要する。通訳や翻訳をはさむ時間的コストおよび通訳翻訳自体のコストや確実性を考えると，集中的に日本語教育を行う方が安価で，確実であると計算されている。

語学だけでなく現場においても，ベトナム人従業員による新卒教育，OJTが機能している。ベトナム人には，習得した技術を他の従業員に教えたがらない性質があると言われるが，これは責任範囲の明確化と負荷の調整で解決している。まず担当工程の完成に責任のあることをはっきりと伝えた上で，仕事を多めに与える。本人が1人では達成できないと判断すれば後輩と分担するため仕事を教えはじめるので，このような状況を作り出すようにしている。

昇進に関しては，役職は現場に近い方から，10名程度の部下を持つチームリーダー，サブリーダー，リーダー，セクションリーダーと順に職位が高くなる。リーダーは9部門に計9名がおり，全員がベトナム人である。昇進の基準としては語学力（日本語会話，日本語Eメールなどの読み書き），技術力（担当する工程の中身を熟知し，理論を理解しているか），行動力などがある。これら中堅社員の育成については，責任範囲の明確化と職能的な給与体系により

中間管理職の自覚をうながすとともに，Off-JTとしては月に1,2回リーダー以上の監督・中間管理職層に対し「人の使い方」を指南する場を設けている。また，OJTの一環として，問題発生時の管理責任を，意識的に丁寧に追及している。方法としては，問題が発生した現場のリーダーを皮切りに，下の職階にいる者から順に聞き取りを行う。部下の失敗に対して自分はどう判断し行動したかを確認し，落ち度や不足点を指摘する。責任を問われるプレッシャーを動機につなげ，中堅社員が積極的に管理技術を学び，自分の役割を理解することを期待している。また，さらなる教育のため3カ月ほど日本本社工場での教育も行っている。国境を越えた異動についても意欲的だが，規制で設計以外は認められず，既存の研修制度が障害になっている。企業内転勤が悪用されないようにとの側面は理解しつつも，優秀な人材は国籍や働く場所に関係なく活躍できるようにしたいと考えている。日越拠点間での従業員の国際異動が可能となるような規制の改善を期待している。

（大内寛子）

第6節　現地調達拡大と給与体系への工夫で日本品質
　　　　―EPAも活用

```
企 業 名：MIDORI APPAREL VIETNAM CO., LTD
日本本社：エムシーアパレル株式会社（埼玉県草加市）
所 在 地：KHAI QUANG工業団地
業　　種：各種ユニフォーム生産・販売
設　　立：2008年5月
従 業 員：約650人（2015年9月）
```

《政情と雇用のリスク分散でベトナム進出》

　ミドリ安全グループのエムシーアパレル（本社・埼玉県）は，ユニフォーム（作業着等）のメーカーで，20年以上前から海外展開を行っている。

　海外におけるユニフォーム生産は，1989年に設立した中国の広州工場（現地企業との合弁）が最初だった。中国ではさらに，1995年に浙江省にも合弁工場を設立している。

　2005年以降に周囲でチャイナ・プラス・ワンの動きが出てきたが，同社は，①政情不安，②雇用問題（高齢化，賃金高騰）の2点においてリスク分散をする必要が出てきたため，プラス・ワンの進出先を検討した。

　ベトナムに進出した主な理由は，①若い労働力を確保可能，②親日的，③政情が安定，④材料を調達しやすい点だ。2008年にベトナム北部のビンフック省で第1工場の事業ライセンスを取得し，2011年にはホアビン省で第2工場の事業ライセンスを取得した。ベトナムでは現在，これら2カ所でユニフォームを生産している。

　検討当時，進出形態を独資にするか合弁にするかを検討し，ジェトロに相談した。「最終的に本社経営陣が法令の運用が煩雑，不透明なベトナムであるがゆえに，土地や資産を自社で使用，管理し，自ら経営・投資の判断を下すことができる独資100％の道を選択した」（MIDORI APPAREL VIETNAM CO., LTD社長　大武英作氏）。なお，製品の納品先は現在，ほぼ全て日本向け輸出だが，第1工場では内販ライセンスも取得している。また，日越EPAや日

ASEAN EPAを利用し，日本向けについては関税率ゼロを享受できている。

《現地調達先を拡大》

ベトナムでは多くの産業で部材調達が難しく，縫製産業も同じ状況だ。同社第1工場の生地の調達先（金額ベース）は，日本60％，ベトナム30％，タイとインドネシアで10％となっている。ベトナム国内での調達先は第1工場近郊の紡績会社より調達。在ベトナムの日系生地メーカーに協力してもらい，品質・納期等の管理を行い，日本品質を実現している。タイからは静電気が発生しない特殊な生地（弱電業界向け）を輸入している。ただ，一部の部材では現地調達も可能となってきた。ファスナー，ボタン等の副資材は進出当初，現地調達率（金額ベース）は20％だった。特に特殊な部材（ボタン等）については，地場企業の技術レベルでは調達が難しかった。現在は80％まで向上したが，これは進出に当たり，日本の部材メーカーに依頼し，2社がハノイへ進出したためだ。

また，需給に合わせた生産体制を構築するため，ベトナム国内の地場企業2社と，生産委託契約を結んでいる。「今後もそういった取引先を開拓していきたいが，当社の製品は仕様が特殊で，一般衣料（欧米向け）と管理方法が異なる。また小ロット製品が多いため，なかなか対応してくれる工場が見つからない」と大武氏は語る。

《給与体系でワーカーのモチベーション向上》

女性比率が8割～9割という同社従業員の離職率は低い模様だ。第1工場には約650人がいるが，年間の退職者は50人弱という。そのため，年1度人材募集をかける。一方，離職率が低いために従業員の高齢化が進んでいるという（第1工場の平均年齢28歳，第2工場が同23歳）。第1工場では現在約50人が産休中で，そのほか妊娠している従業員や時短勤務の従業員は，帽子の色で区別できるようにしている。

同社は上述のとおり中国でも生産を行っているが，生産性に大きな差異はな

いようだ。同社ベトナム工場では1人1日7着を製造するが，中国工場では10着製造する。大武氏は「中国人ワーカーの生産性が高いということではなく，給与体系として出来高によって給料が代わる。そのため中国工場のワーカーは残業して作業量を増やすのが生産量の差異になる」と説明する。また，「ワーカー間で基本給の差は無く，技術の目標達成度によって給料に差をつけている。例えば，工場内のホワイトボードで技術の習熟度を可視化，明確化し」（同），従業員のモチベーション向上の工夫を凝らしている。

また，毎年上昇する最低賃金への対応については，「この地域の縫製企業の慣例として，9～10月に翌年の最低賃金案が発表された際にまず賃上げをする。そして新しい最低賃金が適用される年に入ったら，再度賃上げ。最終的には基本給は最低賃金の上昇率と同じだけ昇給させている」（同）と説明する。

なお同社は，日越EPAや日アセアンEPAを活用しているが，TPPが経営戦略に与える影響について「大きな影響は今のところ予想されない」（同）という。納品のほぼ全てが日本向けであるり，関税がゼロとなっているためだ。ただし，「今後，米国やメキシコに日系製造企業が進出することが予想され，それら工場からユニフォームの受注が入る場合にはTPPを活用する可能性もある」（同）という。

（小林恵介）

第7節　ベトナムの工業化を支える裾野産業

```
企 業 名：Muto Technology Ha Noi Co., Ltd
日本本社：ムトー精工株式会社（岐阜県各務原市）
所 在 地：Quang Minh工業団地
業　　種：射出成形用金型の設計製作，成形
設　　立：2005年2月
従 業 員：約1,130人（2015年8月）
```

《アジア展開の歩み》

　ムトー精工は岐阜県各務原市に本社を置く金型設計製作のメーカーで1956年に創業し，主にソニー関係のプラスチック金型，成形，加飾などに携わってきた。しかし，円高が進行し日本の人件費が上昇した1990年代初頭には，「将来，日本の金型は高すぎて，誰も買えない」「金型をやることによって，プラスチック成形も取る」という思いから，ASEAN諸国や中国の各地に工場進出を計画した（関（2012），236頁）とされる。

　こうして，主に金型を製作して日本に戻すビジネスモデルを確立すべく，日本企業のベトナム進出としてはかなり早い時期である1995年5月，南部ドンナイ省に進出した。当時のベトナム進出の理由は，「賃金が安く」「能力も高い」ことに加え「粘り強い気質」であることに注目したとされる（関（2012），236頁）。

　当初，現地で生産して日本に輸入するいわゆる「アウト・イン」の金型製作拠点として進出したものの，ベトナムに進出したエレクトロニクス系の日本企業からの受注が増加し，順調に現地市場を開拓していった。そして2005年2月には第2工場を同じドンナイ省に増設し，ベトナム北部の印刷機械メーカー向けの生産拠点として同年，ハノイ工場を同時に設立した。

　このほか，1995年にM&Aで買収した日本企業の子会社がマレーシアにあるほか，2000年にはシンガポール，2005年には香港に資材調達，販売拠点を設置した。そして，2003年には中国蘇州で主に無錫や上海など華東地域の顧

客に対応するための工場を設立し，最近も2012年にタイへ進出するなど，アジア主要都市で広範な生産体制を築き上げた。ただし，後述するとおり，金型は顧客の近くで設計生産するメリットが大きいため，各拠点は独立採算的な運営になっており，各市場で地域の顧客に対応しているという。また，技術的な支援も当初は本社や周辺工場から技術者によるサポートを受けるが，最終的には，それぞれの拠点で完結できる体制を作り上げている。

《ハノイ工場の概要》

2005年に設立したハノイ工場は，2006年から操業を開始し，主にプラスチック部品の金型設計製作，成形，組み立てを行う。ベトナム北部にはキヤノンをはじめブラザー，富士ゼロックスなど日本の印刷機械メーカーの集積が2000年代中ごろから本格化しており，こうしたセットメーカーの集積が同社のハノイ工場設立の背景になる。1995年に築いたベトナム南部の金型製造拠点では，ベトナム人の金型技術者が育っており，こうした技術者を派遣してもらうことで技術的な立ち上げはスムースだったという。

投資額は1,500万ドル，従業員は1,130人，敷地面積4万㎡，建物面積2万㎡で，女性比率が75％，従業員の平均年齢は29歳で，学歴は大卒が2.7％，短大／専門学校卒22.6％，中高卒74.7％（作業者）であり，離職率は0.4％／月（2014年）と定着率が高い。

管理部門（経理）と製造部門長はベトナム人で，社長と工場長と営業部長の3人の日本人が常駐している。主要顧客と新規顧客もほとんどが日本企業のため，日本人の営業部長が欠かせないとのことだった。

金型部門は99名おり，新型（金型）生産能力は月に25～30型という。顧客の新製品投入時期に増大する金型設計製作需要だが，年間を通じて安定的な金型生産を行うため，金型だけを単体で受注して売ることによって生産の波を平準化する工夫もしている。ベトナムでは，中国から生産拠点を移してくる日本企業の動きが目立っており，進出後の金型を依然中国から輸入するという企業も当初は多いのが実情だ。このため同社でこうした金型製作を引き受け，必要

に応じ成形までを請け負うという。

　成形部門は4チーム3交代で24時間稼働させている。従業員数は518人で女性が8割を占める。射出成型機だけで124台（30t～350t）を備えており，業界としても最大手に近い規模である。

　このほか，加飾部門はハノイ工場には塗装工程がなく，印刷工程のみを持っている。これは主要顧客がプリンターメーカーのため，成形品に塗装する工程が少ないことによる。樹脂自体に色がついており，表面塗装などの必要がないのだという。また，組立部門は216人体制で，小型の部品など機構部品を成形し，組み立てまでを受託している。品質管理部門は96人がおり，3交代で24時間稼働している。

《事業運営上の課題》
　ベトナムの投資環境上の課題は，検査と称して実地立ち入り検査が多いことだという。これは無視できないほど頻繁で，消防，環境，税関，徴税機関などが入れ替わりやってくるため，日常業務が止まってしまうという。

　また，当社は輸出加工企業（EPE）認定を受けているが，海外から輸入した部材を保税倉庫からベトナムの輸出加工企業に納品する際，1％程度の外国契約者税負担が求められる。本来はEPEの輸出生産に必要な原材料輸入は免税であるが，国内輸送業者を使用するため国内提供サービスという位置づけなのだという。このように，ベトナムでは行政の管理手法や法制度の解釈が担当者によっても変わるうえ，行政サービスの汚職体質に悩まされるという。

　電力供給の不安定さも課題という。最近は減ってきたが，進出当初から瞬停が頻繁に起き，充填材料の取り出しやリセットでロスが大きかったという。

　こうした課題に加え，短期的な改善が見込めない大きな課題としては，現地調達材料がないということであろう。材料（樹脂）は中国，タイ，日本からの輸入に頼っており，ベトナムで現地調達できるのは梱包資材のみである。この状況は1995年の南部進出時から変わっていないと思われるが，コスト削減について現地で代替材料が手に入らなければ賃金上昇と顧客の値下げ圧力に対応

するための生産効率の引き上げは難しくなる。また，人件費が上昇するベトナムでは，顧客であるセットメーカーも部品などの内製化を進めつつあり，外注部品の発注が減少する可能性もあり，各企業の付加価値生産の内部化が今後進むと思われる。

《展望》

　現地材料や現地設備の導入でコスト低減が難しいベトナムは域内と比べて特に安価な生産拠点ということではない。例えば，金型製作と成形のコストは100％現地調達が可能な中国に比べ，ベトナムは100％輸入に近い状態であり，生産コストはその分割高となる。ただし，金型は顧客との綿密な図面のやり取りや試作，補修などが必要で，金型を運ぶ際の輸送費も大きい。このため，金型と成形は顧客ニーズがあるところで行うことが重要であり，コストだけが問題とならない面もある。

　ベトナムの工業化は，同社が進出した1990年代中ごろに開始された。いうなれば同社の歩みはベトナムの工業化と共にあったといっても過言ではないだろう。発展途上国の工業化は主に多国籍企業が中心となる輸出生産の量的拡大によってもたらされる。製品の組立など労働集約的な工程が人件費の安い発展途上国の生産要素に適合するからだ。その後，製品に必要な部品を周辺から調達しようとするニーズが高まり，プラスチック成形や金型，金属加工や表面処理といった要素技術を使った基幹部品の現地調達へと工業化が波及していく。これが後方連関効果と呼ばれる工業化の川中，川上部門への波及効果である。

　同社はベトナムの工業化の過程で，裾野産業として立地しており，樹脂製部品生産の重要な技術である金型を手掛けている。組立を中心としたセットメーカーの進出が続いたベトナムで，部品の現地調達を求める動きはますます強まっており，こうした部品生産企業が必要とする要素技術を持った産業群の集積と樹脂や鉄鋼製品など素材の現地調達の可否が今後のベトナムの工業化のカギを握るであろう。

※同社ハノイ工場訪問時のヒアリングに基づく（2015年8月25日に筆者が訪問）。
※なお，2003年に同社ドンナイ省の工場に訪問した際の以下の事例研究も参考にした。

【参考文献】
関満博「ベトナム南部に進出する日本企業」関満博・池部亮編著『ベトナム/市場経済化と日本企業』新評論，165～244頁。

（池部　亮）

第8節　日越金型クラブの発足に尽力する
　　　　プラスチック金型メーカー

```
企 業 名：TOHO VIET NAM CO., LTD
日本本社：東邦工業株式会社（群馬県安中市）
所 在 地：タンロン工業団地Ｉ
業 　 種：プラスチック金型
操 　 業：2004年8月
従業員数：約150名
```

　群馬県安中市の本社工場ではプラスチック成形用金型の設計・製造，成形，塗装，印刷，組立を行うほか，周辺部品を集めて電子機器受託製造（EMS）にも従事している。ベトナムの当工場は営業を含めて金型の設計，開発，製作，トライののちの客への納品を行う，プラスチック成型加工用を主体とする金型専業メーカーである。

　TOHOの主要顧客は20～30社ほどのベトナム進出日系企業が中心であり，売り上げに占めるその比率は95％に達している。金型の扱い製品は，バイク関連とプリンター関連の二部門で売上全体の八割を占め，残りは日用品や家電製品などである。顧客のほとんどはホンダやヤマハなどのようにベトナム北部に立地している。

　日越共同イニシアティブのフェーズ4のもと，2012年に行われた金型調査によると，ベトナムでは現在のところ，ローカルの金型メーカーが27社存在するという。2014年12月にはフェーズ5が終了し，現在は同フェーズ6で課題抽出中である。フェーズ6においてはその一つのワーキンググループを裾野産業育成とし金型に特化した活動を進めることとした。

　ベトナムにおいて金型産業はJICA支援などにより，確実に育ちつつあるものの，まだまだ「弱い」と言われる。金型企業の少なさにくわえ，JICAシニアボランティアなどの指導も5S程度に留まり本格的なものづくりまでには至っていない。ベトナムでは良質の鋼材や部分品の国内調達が困難であることから輸入に頼らざるを得ない。そして一部の金型部品に輸入税が賦課されるこ

とにより，コスト競争の点で不利になる。現在のところ，材料のほとんどは日本からの輸入である。ただ，当社では年間に新型で150〜250程度を製作しているものの，ベトナム国内での金型需要は"何百倍もある"。逆に，ベトナム国内では依然として金型メーカーの数が少ないために，仕事が国外に流出しているのが現状である。例えば，プリンターの新モデルでは100以上の金型が必要になるが，ベトナム国内でこなすことはできない。近隣諸国では，とりわけタイの金型市場が拡大している。金型の仕事があっても，ベトナムでは日系企業といえども一社一社がばらばらなので，まとまって大きな受注を獲得するということができない。せいぜいお互いに得意分野での仕事を回しあうか，繁忙期での仕事の融通のレベルに留まっているのが現状である。

　そのような背景のもと，2013年5月に日越金型クラブが発足した。今のところは，情報交換・共有化と勉強会を目的としたボランティア的な性格のものに留まるというが，参加企業数は発足時の8社から現在の約70社に増えている（金型企業だけでなく，金型部品メーカー，成型加工業，くわえてJETRO，JICA，日本大使館などの個人会員も含む）。日越金型クラブのなかには，HTMP，BACVIET，VPMSなどのベトナム企業も加入している。タイ，フィリピン，インドネシアでは金型工業会がすでにできており，ベトナムでもこのクラブの発足により，ようやく金型メーカー相互間での横の連携ができるようになった。さらに，2015年3月18日には同クラブの主催で，JETROハノイ事務所の共催もえて，ハノイで「金型関連技術発表交流会」が開催された。その目的は，ベトナムでの金型製造に関連する情報共有，問題とその解決を話し合うための場づくりであり，日本大使館はむろん，ベトナム日本商工会，ベトナム商工省も後援団体に名を連ねている。交流会では3本の金型関連技術発表ののち，金型ユーザー，金型部品メーカー，日系金型メーカー，ベトナム金型メーカーそして金型用設備商社の各代表者からなるパネルディスカッションが行われた。ベトナム国内での日越金型関連業界からなるこのような取り組みの意義は大きなものがあるだろう。

　当社はハノイ工業大学が行っているインターンシップ制度にも積極的に参加

している。同大学の職業訓練部門の卒業予定者のうち、毎年5〜6月頃に20〜30名を受け入れ、清掃・整理・整頓などの5S活動をベースに実作業にも積極的に参加してもらっている。むろん、座学も含まれている。当社は採用を前提にインターンシップを行っているとし、訪問時の2013年には8名を採用することができた。また、ハノイ工業大学では2014年に金型科を3年履修コースで設置した。当工場では、現在、金型の設計責任者はこのインターンシップを通じて採用したベトナム人である。さらに、昨年からはこのインターンシップ制度を、ドン・アイン職業学校やハノイ工科大学にも拡げている。

ベトナム人従業員の多くは日本と同じようなレベルに育ってきてはいるが、命じられた作業に没頭するあまり前後の工程や時間をあまり気にしないで、全体最適を考えることには弱いところがあるという。また、現場の作業者を指導する立場の中間管理者層が育っていないとの指摘もあった。TOHOでは、現在、マイスター制度導入を目指しそのためのワンステップとして多能工化を進めたいとしている。

当ベトナム工場では2014年におよそ3億円をかけて大規模な設備投資を行った。チャイナ・リスクへの対応から当地に進出してくる日系企業の増加に伴いベトナム国内市場での金型需要の高まりが予想されることと、ベトナムで金型を中国から輸入調達するのではリードタイムが長くかかること、そして金型の修理・改善・アフターサービスに制約があるためである。日本本社では2015年からフィリピン工場も建設する予定である。将来的には、協力工場のある中国、ベトナム工場そしてフィリピン工場間での連携を進めながら信頼できる金型づくりが展望されている。

（前田啓一）

第6章
日系企業での産業人材育成

第1節　はじめに

　本章では，今後の市場拡大期待や低廉な労働力による競争力獲得にひかれてASEAN諸国に進出する日本企業と，ホスト国の経済発展にとって重要な要素となる現地産業人材育成との関連を考察する。ベトナム社会主義共和国（以下では，ベトナムと略記する）に不足する中間管理職層の実態を，日系製造業による育成努力の事例を用いて紹介するとともに，当該企業の製品特性や取引先などの属性に注目し，ベトナムの産業人材を効果的に育成するにはどのような企業を積極的に進出させるべきかを提言する。また，進出企業がベトナムにおいて人材育成上どのような課題に直面しているかについてもふれる。

　ベトナムを含むASEAN加盟10カ国は2015年12月に発足したAEC（ASEAN経済共同体）により域内無関税となり，経済統合をさらに進める。日本にとって，地理的にも近隣にあり，急速に経済発展するこれらの国々との経済関係を強化することは言うまでもなく重要な課題である。日系企業においてベトナムの人材が単純な労働力として使用されるのではなく人的資源として育成される側面の認識が深まれば，日越の友好的経済関係を築くにあたって強力な要素のひとつとなるだろう。

　日系企業は継続的に海外進出を展開している。2014年2月現在，日本には421.3万社（うち420.1万社が中小企業）の企業があり，19,250社（うち製造業が8,684社）の現地法人が海外進出している。

　1986年当時からベトナムは経済力強化を目的として工業化を望んでおり，工業先進国の企業進出を受け入れて一定の経済発展を成し遂げた。しかしながら，経済成長にともない競争優位の源泉であった低廉な賃金は急速な上昇傾向にある。

AECによる貿易自由化の促進，ASEANの東西・南北を貫く経済回廊整備による域内物流の改善により，アクセスの悪かったミャンマーなどが生産拠点として浮上してきた。ベトナム政府は，日本政府の協力も得ながら2020年までの工業国化を政策目標に掲げており，一方ではシンガポール・タイなどのASEAN先発工業国との分業体制の拡大も予想される。ベトナムは国際分業関係においても低付加価値の工程ばかりを担う不利なポジションに停滞しないよう，技術蓄積や産業人材の高度化をはからねばならない。

　世界銀行によれば，2012年のベトナムのGDPは1,558億ドル，1人あたりGDPは1,755.2ドルであり，Lower Middle Income（低位中所得国）に位置付けられている。賃金上昇が進むのに反して，産業高度化が進んでいない状況は，一般に「中所得国の罠」と呼ばれる。労働集約型産業から技術集約型産業への産業高度化がベトナムの課題である。

第2節　後発国工業化の理論からみたベトナムの現状と課題

1. ベトナムの工業化と持続的な経済成長

　ベトナム政府は，産業が十分に育っていないにもかかわらず自由貿易化する世界において国際市場への開放を選んだことにより，外資導入や外需の取り込みと引き換えに，ベトナム政府が採用できる産業育成策には制約を与える結果となった。その結果ベトナムは地場産業が幼稚段階にとどまった状態で市場経済の波に晒されている。この点が，アジア諸国の工業化に関する先行研究の対象地域となってきた台湾や韓国，あるいはマレーシアやタイなどの国々とベトナムが大きく異なる点であると考えられる。加えて，いまだ市場経済化の移行段階にあり，国営企業が主体であったため産業人材における経営管理技能が育っていないこと，技術力・産業集積の基盤がないことなどのマイナス要因をもかかえる。

2. ベトナムの工業化政策と人的資源開発

　ベトナム政府の発表によれば，2020年に先進工業国入りを目指す「新経済社会政策」が示され，「社会経済開発10カ年戦略（SEDS：Socio-Economic Development Strategy 2011~2020）」では，2020年までの工業国化を全体目標に掲げ，社会主義志向型市場経済体制整備，人的資源開発，交通・都市インフラ整備を三本柱としている。日本政府もODAなどを通じて積極的に支援している[1]。人的資源開発はベトナム政府の工業化政策のうち三本柱のひとつとなる重要課題である。

　ベトナム政府も工業化を望み，海外からはチャイナ・プラス・ワンとしてタイやマレーシアとともに有望な投資先として見込まれているのに反して，対越投資は2009年以降低迷している。2012年は約130億ドルであり2009年の約60％に留まる。ベトナムの工業化における課題には，物価上昇や人件費上昇，不十分なインフラ（交通網・不安定な電力），産業政策への不信がある。人件費上昇については，賃金上昇に伴う人材の高度化が求められる。日系企業を含む外国資本の側にとっても，賃金コストの増加から撤退を余儀なくされることは経営上のぞましい結果ではない。また，裾野産業育成のためには，現在ベトナムに多い組立業から部品製造業へのシフトが望まれる。これらを達成するためにもベトナムで産業人材が育成される必要がある。

---

(1)　外務省「政府開発援助　国別データブック（2012年度）」によれば，日本は1979年のベトナム軍のカンボジア侵攻から和平合意のあった1992年までODAを停止していたが，1992年からこれを再開し，1995年以降はトップドナーとなっている（70頁）。島村真澄によれば，ベトナムが計画経済から市場経済体制に移行する際には，開発ヴィジョンづくりを助ける「石川プロジェクト（1995～2001）」で財政金融・産業貿易・農業農村開発・SOE改革の制度整備支援を行い，経済改革支援借款である「新宮沢構想（1999）」では民間セクター育成・国営企業の監査・非関税障壁の関税化を助け，「日越共同イニシアティブ（2003）」では投資環境整備を支援するなど，ベトナムの経済の発展状況に応じて長期間の支援を行っている。詳しくは，島村（2005）「ベトナムにおける日本の制度・政策への能動関与—現地ODAタスクフォースが果たした役割，援助協調の意味とは」*GRIPS Development Forum Discussion Paper*, No.11.を参照のこと。

3. 中所得国の罠

　中所得国の罠克服にあたり，かつて内閣府は中国を念頭に検討し，(1) 生産および雇用の重点化・高度化，(2) 投資の重要性低下に伴う技術革新の推進，(3) 熟練労働者の教育制度を新たな技術習得から新たな商品やプロセスの創造へのシフト，の3つであるとした。これをベトナムに当てはめようとするならば，現在のベトナムには製造業の集積がないために，(2) については革新すべき技術が，(3) については商品開発やプロセス創造（ビジネスモデル策定）に振り向けるべき熟練労働者が，いずれも蓄積されていない状況と言える。したがって，これらの条件を満たすためには，その前段として技術の蓄積・熟練労働者の蓄積を急ぐ必要がある。また，並行して技術革新・商品開発やビジネスモデル策定ができる人材の育成を進める必要もあるだろう。

　また，「中所得国の罠」を抜け出たとみなされるために後発国が何を達成すべきであるかについては，大野健一が「見えない壁」として開発・設計への参入の難しさを指摘している。すなわち，後発国は自国産業の成熟によってイノベーションを継続して自発的に起こすだけの技術力・経営知識を持つ組織・産業人材を国内に持つことで中所得国の罠を克服できる[2]。技術蓄積にも熟練労働者蓄積にも乏しいベトナムは，まずは自国への技術移転を目指さなくてはならない。

4. 後発工業国の工業化に関する理論

　海外直接投資を受ける国の経済発展を分析するうえでは，外国資本と労働など生産要素の投入の増大による見せかけの発展に注意を要する。生産要素の投入量増大には限界があるため，経済成長が持続しないと考えられるからである。海外直接投資のうち，ホスト国の低賃金労働を活用する加工貿易型工業については，資本・技術・中間財・資本設備もすべて輸入し，輸出基地という位置付けである場合，収益は先導国へ吸い上げられる。技術移転も起こりにく

---

[2] 大野（2013），284～288頁。

く,「借り物技術 (borrowed technology)」に依存することとなるため,研究開発は進まない[3]。いますぐ先端産業の技術競争参加を狙うには技術的基盤のないベトナム社会においては,現段階では工業先進国で開発された技術を学び利用することが発展への近道であるにしても,技術が借り物のままであれば,「見せかけの発展」に留まってしまうだろう。技術を借り物から自分のものにするには人材育成(技術のベトナム社会への内部化)が必要となる。

　本章では,先発工業国で開発された技術がベトナムなどの後発工業国にどのように技術移転され,後発国が先発国を追いかけてゆくかについて,先行研究をもとに整理しておく。

　後発工業国であるベトナムは先述のとおり,先発工業国のたゆみない技術進歩を追跡・吸収し,追い付くことが工業化を進めるにあたって必要となる。図6-1は,末廣昭が赤松要の雁行形態論とヴァーノンのプロダクト・サイクル論をベースに技術革新と生産・輸出国の移動のパターンを図示したものである[4]。横軸が世界経済の異質化,斜め右上に世界経済の同質化を示す。A〜Dは技術開発等による異質化であり,後発国が追跡してゆく過程が斜め上へ辿られる。

　図6-1において,ある時点で(図では右端で)縦に切り取れば,国際分業体制が表される。一番上に位置する後後発国(ここではASEAN諸国)が技術度の低い労働集約的産業を担い,先発国(ここでは例示的にアメリカ)が技術集

---

(3) 小島清は,海外直接投資を概念的に逆貿易志向的直接投資と順貿易志向的直接投資の二つに分け,外資導入型の経済発展への過度の依存を次のようにいましめている。「『見せかけの発展』ではなくして,自らの貯蓄に基づく投資,自国の技術革新,自国企業による『自力経済発展』こそ不可欠であると言うのである。非難されるような多国籍企業性悪説に陥るのは,私の言う,米国型逆貿易指向的直接投資(ANTI-FDI)に基づく場合が多い。…(中略:大内)…企業の内部化(internalization)利益の極大化をはかるべく,ホスト国への技術移転などは考慮外に置かれているのである。…(中略:大内)…もとより,イージーな外資導入型経済発展に過度に依存するのは慎んだ方がよい。今や自己資本蓄積,自国経営者,自国頭脳による自力主導開発に重点を移して行くべきである。外資導入は,先端産業創設,輸出拡大,インフラ整備など,必要不可欠な分野に絞るべきである」小島(2000),116〜117頁。
(4) 末廣(2000),51頁。

図6-1 技術革新と生産・輸出国の移動（雁行型経済発展論をもとに）

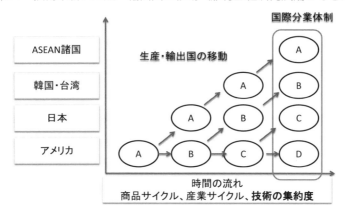

（出所）末廣（2000）の51頁の図を参考に筆者作成。

約型産業を担う姿をみてとることができる。後発国（ここでは日米に比較して韓国・台湾）は付加価値の少ない不利な工程を担うことが多いが，横軸に示される世界経済の異質化（ここでは技術革新）を後発国が追いかけることにより，順を追って技術集約的な生産工程へと高度化されてゆく姿がみえる。なお，現実にみられる追い越しや停滞はこの図に当てはまらないが，そのような例外を除き日米，NIEs，ASEAN諸国にみられる継起的な工業化の発展追跡過程を示すことに成功している。

また，ガーシェンクロンは，後進国が先進国から譲り受ける技術革新の量が多ければ多いほど，工業化は発生しやすいとした[5]。ただし，先発国における技術進歩と後発国における技術吸収力に差が大きい場合は技術移転が疎外され，相対的後発性の利益が享受されない。よってベトナムのように地場産業の集積がなく，産業人材プールにおいても技術人材，熟練技能人材，マネジメント人材，のいずれの蓄積もない後発国においては，先端技術に飛びつくような

---

[5] ガーシェンクロン/久保訳（2000），184頁（原論文は1965年に発表）。

ことはせず，現状の技術力にみあった段階から参入し，次第に高度化してゆくことが適当だと考えられる。日系企業において育成されたベトナム人労働者を媒介に，生産技術や管理技術など生産性を上げるのに必要な技術が技術移転されれば，産業高度化に必要な要素を一つ獲得することとなる。

第3節　進出日系企業内での産業人材育成を通じた技術移転

1. 日系企業による技術移転

技術移転の方法として，ベトナム進出日系企業による技術移転，とくに企業内での人材育成を通じた企業内技術移転に注目する。ほかに取引先ローカルとの水平・垂直技術移転があるが，これを効率的に伝播させるにはベトナムのローカル企業群の技術水準はまだ低い。裾野産業育成を目標とする段階の同地にはまだ十分な集積がなく，企業内で生産技術・経営技術を指導していることが調査からみてとれた。

2. 中間管理職の不足

ベトナムの産業人材には中間管理職などトップと末端をつなぐ中間層が不足しており，かつ，中間管理職が育ちにくい土壌であると言われている。中間管理職の不足は，「中間人材の不足」という言葉によって森純一らから指摘されている[6]。反対に大学卒業者の労働力はむしろ余剰気味であるが，これはベトナムには理系に比べて文系の大学卒業者が多く，彼らがポストの限られた上級管理職を希望して生産現場に入りたがらないことによる。彼らの持つエリート意識は，大学がユニバーサル化した日本と異なりまだ大学進学率が20％程度であること，終身雇用と年功序列で長い時間をかけて人材育成をする日本と異

---

[6]　森（2013），87〜88頁。森はとくに，現状を客観的に分析する能力と問題解決策の発想力の両方が求められる職としての生産技術者の不足を指摘している。また大野は，有能なマネジャーやエンジニアの供給不足が，ベトナムへの知識集約的あるいは技術集約的生産企業の進出を阻害していると指摘している。詳しくは大野（2013），280頁を参照のこと。

なり，学歴社会であり流動的な労働市場を持つベトナムとでは社会背景が異なることによる。

　このように社会的・文化的背景の違いはあるが，ベトナム工業化の視点からは，日本的な「生産現場を知る管理職」という存在は有用であると考える。日系企業の立場からも，コスト削減目的以外にもベトナム人管理者のニーズが表れている。ことに中小企業にとって，管理職人材の育成は長期を要するため困難である[7]。

3. 持続的な経済成長における中間管理職の重要性

　労働集約的産業で雇用創出はできても，技術進歩や資本蓄積がなければいずれ経済成長が頭打ちになる可能性が高い。企業にとって進出動機が労働集約的産業における低賃金雇用であったとしても，低賃金の労働力は進出後，時間の経過とともに失われる。進出企業・ホスト国の双方にメリットがある戦略のひとつは，低賃金の労働力を利用しながら徐々に技術・技能の移転を行い，生産の高付加価値化を狙う戦略だ。高付加価値的ものづくりへのシフトを行う際に必要となってくるのが生産技術・生産技能，生産管理・経営管理である。前者2つについては，日本人をトレーナーとして一時的な高度化が可能である。その後，育成したベトナム人従業員が後輩や同僚を指導できることが大切になる。高度な技術技能を体得した従業員が教える側として機能しないと，教育コストは高いままに留まるからである。

　労働集約的工程においても，無駄をなくすこと，在庫管理の徹底，生産ラインや生産レイアウトを改善することなどによる効率化，欠勤者や遅刻者を低減し，発生した場合でも作業効率への影響を最小限にくいとめる技術は生産性に影響する。

---

(7) 日本貿易振興機構海外調査部（2013）『ASEANの産業人材育成ビジネスに関する進出日系企業のニーズと人材育成事例』（調査レポート）。

4. 中間管理職の役割

　中間管理職の役割は，生産現場の生産性アップ，技術集約的工程へのアップグレードのサポートである。まず生産現場の効率化で言えば，優秀な中間管理職は，たとえ同じ工程（労働集約型部門）であっても生産性向上のための効率化や改善に欠かせない存在である。品質管理，生産管理，人事管理，すべてまたはその一部が中間管理職の職能・職責に含まれる。個々のワーカーの生産技術の質の監督も求められる。

　管理職人材が競争力獲得に果たす役割は他にも2つある。ひとつは，現場とのリンクを強化することにより，自らも生産ラインを理解し，現場からの提案を引き出すことである。マネジメント不在の中，優秀な技術職が個人プレーをしているだけでは改善案はなかなか出てこないし，ベトナムの文化的・歴史的背景からも提案が出されにくい状況が確認されている。これらをまとめ，自らが提案の主体となるのも，部下が提案を発信するようサポートするのも，中間管理職の役割である。

　言うまでもなく，生産性上昇や日系企業の信頼を得るのに必要な人材は，管理職人材のみに限定することはできない。日本的ものづくりの根底には，現場からの改善提案の重視がある。したがって産業人材の提案能力を育成することも重要な課題である。

　本章でいう提案ができる人材とは，「生産現場にかかわり，生産ラインや製品仕様に改善の提案を行える人物」である。日系企業のものづくりの強みがここにあることは，小池和男の知的熟練の概念にもあてはまる[8]。加えて，改善点を見つけ出し発信する能力と，意見を引き出すマネジメント能力の涵養が必要となる。

　もうひとつは，日本的な現場主導の改善や，日本的な現場発のボトムアップの意思決定ができるようになると，品質向上や提案力に加えて，日系企業からいっそうの信頼を得られるというものである。

---

(8) 小池（2008），3〜8頁。

以上をふまえて，ベトナムの経済発展に必要な産業人材を中間管理職とし，求められる能力・職種を次のように限定する。まずマネジメント能力である。生産管理・経営管理のマネジメントは重要である。かつ生産現場と意思決定者をつなぐコミュニケーション能力も含む。言うまでもなく，意思決定者と直接のやりとりをしない管理職も含む。

第4節　ベトナム進出日系企業における産業人材育成の事例分析

1. 操業年数と育成成果／日本の労働市場の特徴

　日本企業が，他国籍の企業に比べて中間管理職の育成に積極的であると考える背景には，日本の企業内労働市場の特徴がある。図6-2に示すように，一般にアメリカやタイでは，管理職層とワーカー層では，リクルートの時点で明確に線引きがなされており，ワーカーが職長を超えて管理職につくことはない。タイや韓国でも若干ゆるやかながらも管理職層への壁は存在する。これらの国では同レベルの職層間で水平に労働者が移動するか，あるいは一旦現職を離れて別の職場で上のレベルで求職するというキャリアアップの形がとられる。

　ベトナムの大卒者が最初から管理職のポジションを求めて現場に入りたがらないことは，学歴社会と労働市場の特性によるものだと考えられる。日本では，大卒者であっても一律に現場を体験理解させた上で，時間をかけて管理職に登用していくのが一般的である。日本の構造のメリットとして，現場をよく知る従業員によるマネジメントが可能となるため，現場と経営管理部門との連携が取れること，現場の意見を吸い上げやすいことが挙げられるだろう。

　日本企業のこういった特徴を研究調査から明らかにしたのは小池（1982）である[9]。

---

(9)　小池和男は「日本企業において長期雇用と内部昇進が従業員にもたらす雇用時から退職までの賃金上昇率を国際比較し，西欧および米国のブルーカラーの賃金上昇が20〜25％にとどまるのに対して，日本のブルーカラーは倍以上の70〜100％以上の上昇であることを指摘し，日本の大企業ブルーカラー男子は，西欧やアメリカのホワイトカラーの仲間入りをする」と断じている。すなわち，日本は欧米企業に比較して，工場勤務の

図6-2 4か国の大企業での採用と昇進のしくみ

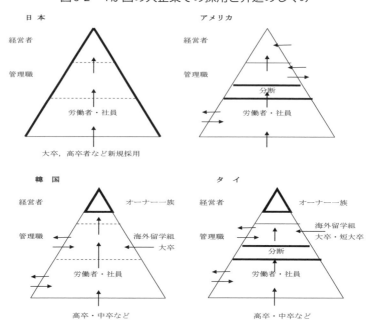

(出所) 末廣 (2000), 291頁の図を参考に筆者作成。

2. ベトナム人従業員の管理職登用と育成

2014年9月から11月にかけて,ベトナムに進出する日系企業541社を対象にアンケート調査を行った。方法は調査票方式(郵送)にて,ベトナム法人に直接郵送した。

対象企業は,『ベトナム日系企業リスト 完全収録 2009年』の掲載企業のうち,製造業に分類されている企業を対象として,リスト上で撤退記載のない企業をなるべく一企業一拠点になるよう選定した[10]。回答数は24社である。なお,発送は9月12日,最終回収期限は11月10日であった。

従業員の育成に積極的であり,管理職など高給の職階への登用が行われる傾向があるといえる。今井・伊丹・小池 (1982), 91〜102頁。
(10) 片岡 (2008)。

表6-1 アンケート調査回答企業全体の平均

	操業年数	従業員数	内，日本人数	ローカル管理職数	管理職育成割合[*2]	備考：回答企業の業種	
アンケート回答企業全体(20社)[*1] の平均	10.8年	564.8人	5.1人	6.5人	3.0%	縫製 植林 組立 単加工	2社 1社 6社 1社
アンケート回答企業全体[*1] の中央値	9年	300.0人	3.0人	6.5人	0.8%	組立加工 加工 複合加工 精密加工	1社 1社 4社 4社

*1 回答のあった24社中，ローカル管理職登用数に数値的な回答のなかった4社を除く。
*2 管理職数/従業員数。
(出所) 2014年9月実施のアンケート調査より筆者作成。

調査票では，企業概要のほかベトナム人従業員からの管理職（以降，ローカル管理職と呼ぶ）登用数や詳細，育成のニーズや課題などについて質問した。

回答企業全体での平均値（無回答を除く）は，ベトナム人従業員からの管理職登用数が6.5名，管理職育成割合が3.0％である。この平均値からは管理職育成割合が高いように思われるかもしれないが，17.6％（従業員数17名，管理職2名）というはずれ値が影響しているため，あまり影響を受けない中央値をともに挙げる（表6-1）。中央値では，管理職登用数が6.5名，管理職育成割合は0.8％である。

3. ローカル管理職登用数の多い企業群と対照群のグルーピング

アンケート調査に回答した企業のなかから，ローカル管理職の登用数の多い企業の代表例を数社ずつグルーピングする。抽出の方法は，ベトナム人従業員からの管理職登用数で最多の20名（A社：以下，回答企業の情報は表6-4を参照）から10名（F社）までをローカル管理職の登用に積極的な企業群（以下，Ⅰ群と呼ぶ）に，最少の0名（M社）から1名（J社他3社）までをローカル管理職の登用に消極的な対照企業群（以下，Ⅱ群と呼ぶ）に選定した。次に，全従業員数に占めるローカル管理職の人数（ローカル管理職数/従業員数×

表6-2　グループごとの平均値

	操業年数	従業員数	内, 日本人数	ローカル管理職数	管理職育成割合*	備考: 回答企業の業種
ローカル管理職登用数の多いグループ（Ⅰ群）	12年	301人	5.7人	12.1人	4.4%	組立　　　2社 加工　　　1社 複合加工　2社 精密加工　2社 (計7社)※1
ローカル管理職登用数の少ないグループ（Ⅱ群）	9年	3.0人	262人	1.2人	0.5%	縫製　　　2社 組立　　　2社 組立加工　1社 複合加工　1社 (計6社)※2

* 管理職数/従業員数
(出所) 2014年9月実施のアンケート調査より筆者作成。

100％）を考慮に入れ，2.6％で登用人数6名の企業（G社）をⅠ群に，それぞれ0.6％および0.7％で登用人数ともに2名の企業2社（O社，I社）をⅡ群に加えた。二つのグループごとの項目平均値を表6-2に示す。

なお，役職名は企業によって異なるため，おもに課長職以上をローカル管理職と数える。C社についてアシスタントマネージャーやD社についてはグループ長（別途下位に班長などの部下を持つ）までをカウントした。G社については組織図をもとに現地社長に確認し，課長レベル以上とみなされる人員をカウントした。なお，企業ごとの値については章末の表6-4に示す。

今回のアンケートについてはサンプルサイズの制約から計量的に特徴を見出すことは難しいが，各企業の事業特性と考え合わせることでみえてくる共通項や，詳細な自由記述部分から明らかになる特徴などの情報量については豊富である。まずは両グループの比較からみえてくるローカル管理職登用数の多い企業群の特徴について追っていくことにする。

4. 業種属性とローカル管理職の育成

まず，ローカル管理職登用数の多い企業群（Ⅰ群）と少ない企業群（Ⅱ群）

に選定した。次にⅠ群とⅡ群を業種で比較する。表6-2に示したように，Ⅰ群には複合加工や精密加工が目立ち，Ⅱ群は一社の複合加工を除いてすべて縫製・組立である。前者が育成に積極的になる理由は，高度な技術と高精度が求められることから，日本レベルでの生産管理を要するために管理職の育成が重要視されたと考えられる。また，縫製や組立に比較して付加価値の高い工程を担うため育成コストをかけることが可能になることも理由にあるだろう。複合加工・精密加工は，縫製・組立よりも多くのローカル管理職を育成することが，限られた事例数ながら確認された。

また，Ⅰ群のなかに組立が2社はいっているが，この2社はいずれも日系大手自動車製造業の子会社である。B社の日本語名は三菱自動車製造販売であり，自動車組立を行う。E社はいすゞ自動車の子会社であり，トラックやバスのシャシの組立・生産を行っている。日本の自動車関連産業自体，またその裾野産業集積が発展した背景に，日本の大手製造業が子会社だけでなく下請企業を熱心に育成することがある。下請企業をバッファとして利用することから，とくに不況の際には下請企業に対して冷徹な印象も与える同産業大手企業だが，営業指導，技術指導，品質管理指導など育成のため，親会社の従業員が子会社や下請企業のオフィスおよび工場に出向いて指導監督を行う面倒見の良さも特徴である。組立企業であるにも関わらず，ローカル管理職の育成に成功しているこの2社については，このメリットを享受したものとみられる。事例が二社と少なすぎて一般化はできないが，日系大手製造業（特に自動車製造業）の子会社であれば組立や単加工であっても企業内で産業人材が育成されていることが確認された。

5. 育成ニーズにみられる差異

先述のように調査票ではベトナム人従業員に対するニーズについても質問を行った。職場職能ごとに大分類した質問項目に対し，ニーズの有無への回答を求めた。職場職能については工場内のワーカー，技術職，工場内の管理職，管理職全般，の四種に大きく分類し，生産機械の修理等の知的熟練，生産方法や

製品仕様の改善提案，品質管理や生産記録等の生産管理，原価計算や人事評価などの事務管理，生産計画や育成計画などの経営管理技能などについて尋ねた。調査結果のグループごとの平均を表6-3に示す。

① 職種ごとのニーズ

まず，工場内のワーカーに対しては，小池和男が知的熟練の例としてあげた「生産機械の保全・修理」[11]はⅠ群に高い。また，「生産方法等の改善提案」をワーカーレベルから期待するのも特徴的である。現場からの改善提案は日本企業の特徴とされるため，これらⅠ群の企業についてはⅡ群よりも日本的経営管理の特徴がより強いと考えられる。

次に，技術職に対するニーズについては，共通項として「生産方法等の改善提案ニーズ」はどちらのグループにも高い。ここから，Ⅱ群においても，現場からの改善提案をまったく度外視しているわけではないことがわかる。日本企業が改善提案に対するニーズを強く持っていることがわかる。「製品仕様の改善ニーズ」についてはⅠ群がⅡ群よりも21ポイント高く，より技術集約型あるいは知識集約型の業務をベトナム拠点に期待していることがみてとれる。なお，このように差異がでることは，Ⅰ群に複合加工や精密加工が多くⅡ群に縫製や組立が多いという両者の業種の違いから当然ともいえるが，今回の調査により，業種の違いが企業の人材ニーズに反映されていることが確認されたことは重要な点である。

工場内の管理職に対するニーズについては，Ⅰ群でより「職場実績のチェック」を求めており，Ⅱ群の回答と21ポイントの差がある。ワーカーレベルについてのニーズについても言えることだが，本章の「はじめに」で述べたように，日本的な企業内労働市場のあり方では，ワーカーも管理職の候補であり，工場内管理職もマネジメント職の候補である。彼らに生産報告や実績チェックなどの管理業務を求めることにより，経営感覚を身につけさせているのだとも

---

(11) 小池（2008），5〜8頁。および小池・猪木（1987），32〜33頁。

表6-3 育成ニーズのグループごとの平均値

	ローカル管理職登用数の多いグループ（Ⅰ群）	ローカル管理職登用数の少ないグループ（Ⅱ群）
工場内のワーカーに対するニーズ		
多能工化	57%	83%
生産機械の保全・修理	71	67
製品の品質管理	100	67
生産記録・報告作成	71	50
後輩の指導・育成	71	83
生産方法等の改善提案	86	67
日本語能力	14	17
技術職に対するニーズ		
設計・試作図面の作成	57	33
製品仕様の改善提案	71	50
生産方法等の改善提案	86	83
日本語能力	14	33
工場内の管理職に対するニーズ		
職場実績のチェック	86	67
作業割当の決定（欠員対応含）	86	83
工場内の安全衛生管理	71	67
日本語能力	29	17
人事評価	57	50
採用選考	57	33
管理職全般に対するニーズ		
年間生産計画の作成	57	17
月間生産計画の作成	100	33
予算編成上の原価計算	57	50
日本本社との連絡調整	43	33
採用選考・人事評価	71	67
社員の育成計画の作成	71	33
日本語能力	29	33

※1　日系自動車製造業の組立やシャシ組立など，自動車産業の下請けの場合にはよく育成努力がなされている。
＊2　組立でも，ソファの組立と航空機部品の組立では育成に成功していない理由は異なると考えられる。後者には，高精度の保証のため現状では日本人による管理徹底がなされていると考えられる。
（出所）2014年9月実施のアンケート調査より筆者作成。

とれる。これはまたインタビュー調査で聴き取りを行った日系企業における育成方法からも補強された。この点については紙幅の制約から別の機会に委ねざるをえない。

　管理職全般に対するニーズについては,「日本語能力」を除くすべての項目でⅠ群が高い値を得ている。とくに,「年間生産計画の作成」「月間生産計画の作成」「社員の育成計画の作成」などを求めている点で特徴的であり,Ⅱ群の回答値との差異はそれぞれ40ポイント,67ポイント,38ポイントと大差がついている。これらは管理業務の中でも,中長期的視点を求められるとともに,事業計画や経営理念の理解に基づき企業にとって何が必要とされているかを判断する能力が必要となってくる点で高度な仕事である。ローカル管理職登用数の多いⅠ群は,非常に高い割合でこれらの仕事をローカル管理職に求めている。

　② 日本的人的資源管理とベトナム
　ベトナムが日本と異なる点として,学歴社会であり,とくに文系大学卒業者の意識において現場職とホワイトカラー管理職が分断されていること,労働市場の流動性が高く離職率の高いこと,換言すれば日本のような報償を先送りにしつつ将来の雇用を約束する終身雇用制度が浸透していないことがある。また,多くの日系進出企業はまだ現地での操業年数が短く十年に満たない。

　今回の調査では,前述のとおり,日本的な「叩き上げ」の管理職登用が確認された。ホーチミン市近郊のタントゥアン輸出加工区にあるP社はおもにNC旋盤などの工作機械を加工するメーカーで,ベトナム操業開始が2002年であり操業年数は12年と長い。規格品の量産拠点で販売先はベトナム国外である。ここでは,総務課長（勤続12年,短大卒）,購買課長（勤続8年,高卒）,生産管理課長（勤続12年,高卒）が大卒以外の従業員から管理職に登用されており,うち2人は操業開始時からの雇用である。

　同じくタントゥアンにあるQ社は,印刷機械,マウンター（実装機）,バイク・自動車の部品外販を行う。同社が位置する工業団地において最古参の日系企業であり,すでに20年以上を同地で操業している。少ない事例を一般化す

ることはできないが，このように操業年数の長い日系企業において，学歴によらない叩き上げの人材を管理職登用している事例が確認された。

現場における知的熟練を備えた管理職の存在は日本的ものづくりの特徴のひとつである。これが彼地で実現していることと，例に挙げた二社がベトナムで長期にわたり操業を継続させていることを考えあわせれば，ほかにもベトナムにおいて日本的企業内労働市場を持つ企業が多数存在することが予想される。

また，インタビューで外部講座の利用について問うたところ，利用の有無にかかわらず主たる教育方法として選ばれるのはOJTであったことの理由として，受講料よりもマネジメント技術の習得には時間がかかることが挙げられた。外部講座はあくまで補完的な役割に留まるとの認識が強い。

発信能力の不足から意見を言わず，意見を引き出す能力のある管理者がいない場合には，発見された問題や改善案が伝達されない。インタビューによれば，ベトナム人は問題点や改善案を自ら発案することには強い抵抗を持つようである[12]。その背後には，計画経済に象徴される共産主義社会の影響で個人責任を忌避する文化，連帯責任を好み目立つことを避ける傾向があると言われる。

③ 在ベトナム日系企業における人材育成上の課題

現状のベトナム人従業員への計画性・マネジメント能力への評価はけっして高くなく，本アンケート調査におけるベトナムでの人材育成における課題への質問や，インタビュー調査における聴き取りからも，ベトナム人従業員は総じて計画性や中長期的視点に欠け，プロジェクトマネジメントや納期管理すら任せられないという声が多く聞かれた。この背景には，学校教育における問題のほか，計画経済下の社会文化，国営企業での業務により培われた，計画立案の役割を大多数の国民が担ってこなかったことが挙げられる。そのような現状においてすら，日系企業内にローカル管理職の登用実績が確認され，かつ高度な仕事へのニーズも強いことから，各企業における今後いっそうの育成努力が展

---

[12] 2014年9月実施の在ホーチミン日系企業への筆者によるインタビュー調査より。

開されることが示唆される。

第5節　おわりに

　以上にみてきたとおり，ベトナムに進出する日系企業では積極的に従業員を育成する事実が確認できた。今回は，育成されていないとされる中間管理職にフォーカスしたが，中間管理職層の育成についても各社積極的に行っており，なかでも駐在する日本人がこまめにOJTを行う事例が多数確認できた。日系企業はベトナム政府からの評価どおり，育成に積極的な傾向を持つと言える。また，ベトナムにおける操業年数の長い企業においては，新卒から中間管理職を育成している事例すらある。裾野産業の未発達なベトナムにおける技術・知識の不足点を，日系企業が自前で克服しようとしている姿が確認できた。今回の調査から，とくに技術移転に積極的であるのは，精密機器メーカーを中心とする日系企業のサプライヤであることがわかった。この背景には品質管理や納期管理を徹底する必要から人材育成にも熱心にならざるを得ない事情があるだろう。

　日系企業の育成熱心な傾向は，時代背景によって現在高まっていると考えられる。アジアNIEsが，冷戦構造や南北対立への西側陣営の配慮からくるダブルスタンダードへの寛容によって発展段階をくぐり抜けたことをアジアNIEsにとっての歴史的な幸運だったとするならば，ベトナムもまた，彼らが享受できなかった，異なる形での歴史的幸運のもとにあることを自覚せねばなるまい。アジアNIEsが台頭してきた1970年代と現在では，日系企業の進出理由は変化してきている。

　1970年代には日本の製造業に活気があり，団塊の世代が働き盛りであった。続く1980年代に日本の進出の後押しをしたのは円貨の高騰であったが，国内には働き手が多数おり，日本自身もまだ経済成長のただ中にあった。これにくらべて現在，進出する日系企業が進出先国に求めているのはコスト削減だけではない。技術の後継者を求めて進出している企業も見られる。国内の若年層の

第6章　日系企業での産業人材育成

表6-4　事例紹介企業の基礎情報

	社名	工業団地	創業	操業年数	従業員数	内、日本人	業種	業務詳細	ベトナム法人の位置づけ	登用実績	ローカル管理職数	管理職育成割合
ローカル管理職登用数の多いグループ（I群）	A社	ニソン経済区	1995	19年	630人	17人	加工	セメント製造・販売	より高付加価値品の生産拠点	役員、社長・副社長、部課長、工場長。日越合併企業のため数名〈在籍〉。	20	3.2%
	B社	ビンスオン	1994	20年	260人	6人	組立	自動車組立	規格品の生産拠点（ベトナム国内で販売）	役員、社長・副社長、部課長、部課長、課長以上10名、すべて大卒、勤続15〜20年、40〜55歳、ほか作業長。	14	5.4%
	C社	タンロン	2005	9年	190人	4人	精密加工	プラスチック樹脂を使用した精密部品成形、販売	より高付加価値品の量産拠点（海外向）	総務部長（大卒、9年、ビジネス英語可）、ローカルマネジャー4名（大卒、6〜8年、英語または日本語可）、アシスタントマネジャー8名（大卒、6〜8名、英語または日本語可）	13	6.8%
	D社	野村ハイフォン工業団地	2003	11年	320人	2人	複合加工	工作機械、産業機械用部品製作・組立	部品製造工場（技術伝承含む）	工場長、部課長、技術グループ長（ハノイ工科大学、10年）、製造グループ長（ハイフォンマリンタイム大学、10年）、その他金工程グループ長（同様）、QA、技術G、機械G、溶接G、塗装G、鋳造G、総務会計、業務の長。	12	3.8%
	E社	―（クアチョン通り）	1995	19年	300人	5人	組立	ISUZUトラック&バスシャシ	規格品の生産（ベトナム国内で販売）	副社長、部課長がベトナム人。	10	3.3%
	F社	ノイバイ工業団地	2014	0年	180人	2人	複合加工	自動車部品、家電部品、重機部品、モーターサイクル部品など、金型作成、金属プレス、表面処理ほか	規格品の生産拠点（海外向）	部課長、大卒は10名、ハノイ工科大、ハノイ外国語大、ハノイ貿易大ほか。	10	5.6%
	G社	タンドゥアン輸出加工区	2006	8年	230人	4人	精密加工	プラスチック金型、製作、プラスチック部品製作、ダイキャスト金型製作、カメラ部品組立	より高付加価値品の生産拠点、日本向加工拠点	部課長クラス。交通運輸大学卒・日本語可、人文社会科学大・日本語可高卒、高卒、日本語不可	6	2.6%
ローカル管理職登用数の少ないグループ（II群）	H社	タンドゥアン輸出加工区	1995	19年	314人	1人	縫製	肌着、スポーツ衣料、園児服	規格品の生産拠点、日本国内市場	副社長、工場長	2	0.6%
	I社	タンロン工業団地	2007	7年	300人	6人	組立	民間航空機部品の製造組立	規格品の量産拠点（海外向）	人事総務次長級（勤続6年、40歳、経理課長（勤続3年、チーフマウンテン）	2	0.7%
	J社	ドーソン工業団地	2005	9年	180人	3人	組立	革靴リツアーの加工から組み立て完成	規格品の量産拠点（海外向）	管理職唯一、ハノイ外国語大学卒、勤続9年	1	0.6%
	K社	タイエンソン工業団地	2005	9年	200人	3人	単加工	板金組立（多品種中少量）	日本および日本国内への板金部品供給	工場長のみ（勤続8年、33歳）	1	0.5%
	L社	タンチュオン工業団地	2008	6年	150人	2人	組立加工	工業用ミシン組立、加工	規格品の量産拠点（海外向）	部課長、管理部長（ハノイ大、6年、33歳、英語可）	1	0.7%
	M社	ロンビン工業団地	2013	1年	430人	3人	縫製	縫製製造業、輸出入業務	規格品の量産拠点（海外向）	班長のみ（縫製ライン班長、最新部技長、品質管理班）	0	0.0%

出所：2014年9月実施のアンケート調査より筆者作成。

製造業離れ，理系離れから，とくに若者の就職先として人気の低い中小企業においては，切磋琢磨し競争を勝ち抜いて培ってきた技術技能の後継者不足に直面している。日本企業における育成への高い積極性の背景には，ひとつには日本的な企業内労働市場の特性もあるが，もうひとつには，進出先を自らの後継者育成先としてとらえていることがある。後者は，現在に特有の歴史的幸運である。ベトナムが後々進国であり，すぐに先進国とは肩を並べられないほどの技術的大差がついていることは同国にとって喜ばしいことではないが，そのために，警戒されることなく後継としてみなされることも忘れてはならない。もっとも近隣にある先進国である日本が，すでにその最盛期を過ぎ，事業後継者を求めていることがベトナムにとっての幸運なのである。

　ベトナムに対する外資系企業の進出はめざましいが，国内に裾野産業の集積がなく進出企業との垂直分業関係による発展の可能性がまだ明確でないベトナムが，今後どのような発展経路を辿るのか。本章では，日系企業における企業内教育によってベトナムの産業人材が育成されている実態を観察することで，そのメカニズムの一端に光を当てた。

【参考文献】

A．ガーシェンクロン／久保清治訳（2000）「歴史的視野からみた経済の後進性」『横浜商大論集』（横浜商科大学）第33巻第2号，181～208頁。

赤松要（1956）「わが国産業発展の雁行形態：機械器具工業について」『一橋論叢』第36巻第5号，514～526頁。

今井賢一・伊丹敬之・小池和男（1982）『内部組織の経済学』東洋経済新報社。

大野健一（2013）『産業政策のつくり方：アジアのベストプラクティスに学ぶ』有斐閣。

片岡利昭（2008）『ベトナム日系企業リスト　完全収録』ベトナム経済研究所。

小池和男（2008）『海外日本企業の人材形成』東洋経済新報社。

小島清（2000）「雁行型経済発展論・再検討」『駿河台経済論集』第9巻第2号，75～136頁。

末廣昭（2000）『キャッチアップ型工業化論』名古屋大学出版会。
森純一（2013）「ベトナムにおける産学連携の現状と課題―ハノイ工業大学技能者育成支援プロジェクトの経験から」『日本型ものづくりのアジア展開―ベトナムを事例とする戦略と提言』一般財団法人アジア太平洋研究所，85～108頁。

（大内寛子）

第7章

ベトナムの工業化とメコン諸国

第1節　はじめに

　ベトナムは1978年に旧ソ連や東ヨーロッパの社会主義諸国による経済相互援助会議（コメコン）に加盟し，旧社会主義諸国との間で密接な貿易，投資，経済協力関係を構築した。1986年のベトナムの貿易総額に占める旧東欧諸国の比率は70.0％にも達した。1989年には旧東欧諸国の社会主義政権の相次ぐ崩壊と，1991年の旧ソ連崩壊により，ベトナムはそれまでの対外政治経済体制が崩れるなか，貿易構造の多様化を急ピッチで進める必要に迫られたのである（石田（1996），119～124頁，トラン（1996），109～113頁など）。

　ベトナム版改革開放政策である「ドイモイ（刷新）政策」が1986年の党大会で提唱され，1990年代初頭から本格的な改革開放政策が始まった。ドイモイの提唱から約30年が経過しようとする現在までの間，ベトナムは国有企業改革や外資参入規制の緩和，自由貿易を標榜する国際通商枠組みへの参加を進め，順調な経済運営を進めてきた。

　1995年から2014年までの平均経済成長率は年率で6.8％と高水準で推移し，1人当たりGDPも289ドルから2,051ドルへと向上した[1]。また，外国投資受入額も1988年から2014年までの累計で1,117億ドルとなり，2013年には外国投資企業が工業生産の43％，輸出の63％を担うようになったのである[2]。

　ベトナムは多国籍企業を中心とした輸出志向型外国投資企業の生産立地を受け，衣類などの縫製品，靴，エレクトロニクス製品の輸出を大幅に拡大するこ

---

[1]　国際通貨基金（IMF）ウェブサイト，World Economic Outlook Database, October 2015による。2014年は推定値。1人当たりGDPは名目値（2015年12月20日参照）。
[2]　ベトナム統計総局ウェブサイトより（2015年12月20日参照）。

とに成功した。日本貿易振興機構（2015a）によれば，2000年から2014年までの期間，ベトナムの衣類輸出は10.5倍に拡大し，世界輸出に占めるシェアも0.9％から4.1％へ，携帯電話やコンピュータ，印刷機械などを含むIT関連製品は47倍に拡大し，世界輸出シェアも0.07％から1.6％へと躍進した。対外開放政策によって自国市場を開放しつつ国際通商の自由貿易の枠組への参加を果たしたベトナムは，外国投資企業主導による生産ネットワークを構築し，多国籍企業が主導するグローバル・バリュー・チェーン（GVC）の一部を担うようになったのである。そして，ベトナムの貿易構造は中国を中心とした東アジア諸国から部品や材料を輸入し，国内で組立生産した製品を全世界に輸出する構造へと転換した（池部（2013），122〜129頁）。

　ベトナムの貿易構造と産業構造が外資主導によってグローバル化した一方，伝統的な貿易構造を持つと想像できる周辺諸国との貿易構造がどのように変化しただろうか。外資系企業の生産立地を受け，ベトナムが急激な工業化を果たす過程で，後発発展途上国のラオスやカンボジアにどのような波及効果があるのだろうか。ベトナムがタイを除くメコン後発発展途上国の中では先行して外資主導の工業化を開始したが，カンボジア，ラオス，ミャンマー（以下，CLMとする）との間の経済格差は1人当たりGDPをみる限りそれほど大きくない。労働力を中心とした生産要素の比較優位差が小さい場合，工場の移転や分散といった工業化の波及効果が起こらない可能性もある。本章では，ベトナムの工業化が周辺国との間の貿易や対内・対外直接投資の構造にどのような変化をもたらしつつあるのかを検証する。

　第1節では，ベトナムの貿易構造がグローバル化する一方で，周辺国との貿易構造に産業内分業や工程間分業を現出させているかという視点で考察する。メコン諸国の2015年の1人当たりGDPは，ベトナムの2,171ドルに対し，タイが5,426ドル，カンボジアが1,140ドル，ラオスが1,785ドル，ミャンマーが1,269ドルとなる[3]。タイを除けばベトナムとCLMとの間には発展段階に大

---

(3) 国際通貨基金（IMF）ウェブサイト，World Economic Outlook Database, October 2015による。2014年は推定値。1人当たりGDPは名目値（2015年12月22日参照）。

きな差異がない。また，CLMは，外資主導のGVCへの参加も未だ大規模に始まってはいない状況にある。ベトナムと隣接するカンボジアとラオスとの間の貿易は従前より，農林水産物や加工食品，衣類，日用品などの非耐久消費財，エネルギーといった伝統的な産品を中心としたものだった。ベトナムと地理的に近接するこれら諸国との間では伝統的な経済交流による貿易構造があるはずで，ベトナムの貿易構造がグローバル化したことによってどのような変化を生じさせているのかを2000年以降の貿易データによって確認する。

第2節では，ベトナム企業の対メコン投資を概観する。国・地域間の人件費の差異が国際分業を促進する要素となる。しかしながら，先にみたようにベトナムとCLMとの間の発展段階の差異は大きくなく，域内の生産要素（労働力のコスト）の差異による生産配置の転換といった二次展開の動きは限定的となろう。ただし，通信事業，銀行，乳製品製造販売，ゴムやコーヒーなどの商品作物の栽培のためのベトナムからの投資がラオスやカンボジアで活発化しており，その背景に何があるのかを検討する。また，GVCと関係を持つ外資系企業のベトナムからラオス，カンボジアへの二次的な展開があるとすれば，生産要素の差異以外にどのような理由があるのかを検証する。

第3節は，ベトナムとメコン諸国との間の貿易と投資の経済関係の緊密化の実態を総括し，ベトナムのグローバル経済への参加による構造変化がカンボジアとラオスにどのようなプラス面とマイナス面の影響を与えるのかを検討する。その上で，メコン地域の持続可能な工業化と堅調な経済発展に向け，どのようなWin-Winの経済関係の構築が可能か展望し，結びとしたい。

第2節　ベトナムとメコン諸国の貿易構造

1. ベトナムの改革開放と貿易構造（相手国）の変化

1986年に開催されたベトナム共産党第6回党大会において，改革開放政策を意味する「ドイモイ（刷新）政策」の導入が決定された。その後，1988年にはカンボジアに駐留するベトナム軍が撤退を開始し，国際関係の改善に欠か

せないカンボジア問題の解決に向け大きく前進した。1991年には旧ソ連崩壊に象徴されるように，旧社会主義諸国の相次ぐ政権崩壊を目の当たりにし，対外経済関係の再構築が急務となった。その後，ベトナムは対外開放政策を加速させるため，全方位外交を唱え，世界各国との関係改善を着実に実現していくことになる。中国との関係正常化（1991年），米国との国交樹立（1995年），東南アジア諸国連合（ASEAN）への加盟（1995年），APEC加盟（1998年）など，1990年代に政治経済両面における対外関係を着実に好転させていった。そして，米越通商協定締結（2001年）により米国の最恵国待遇を得ることで主に繊維製品の輸出拡大を実現した。2007年には悲願の世界貿易機関（WTO）加盟を果たし，2010年には環太平洋経済連携協定（TPP）への交渉参加を表明した（池部（2012a），16頁など）。

　ベトナムはドイモイ政策導入後，果敢ともいえる姿勢で国際通商の舞台への参加を進めてきた。名実ともにグローバル経済の仲間入りを果たしたものの，ベトナムに課される経済的な試練はむしろこれから本格化するともいえる。それはASEAN経済共同体（AEC）やTPPなど，自由化範囲が広く，より高次元の市場統合の枠組みに参加することによって，農産物や工業製品，サービス産業など，一層の国内市場の開放を余儀なくされるからだ。

　それでも，ドイモイ導入以後一貫して対外開放政策を進めてきたベトナムは，確実にプラスの果実を享受してきたといえる。1995年から2014年までのGDP成長率は平均で6.8％に達し，1人当たり国内総生産（GDP）も289ドルから2,051ドルにまで拡大した[4]。また，同期間の輸出額は54億4,890万ドルから1,502億1,710万ドルへと約27.6倍に拡大しており，同じく改革開放政策で飛躍的な発展を遂げた中国の輸出拡大幅が同期間に15.7倍だったことと比較しても，ベトナムは急激な輸出拡大に成功したといえるだろう。対内直接投資（実行ベース）は88年から2014年末までの累計で1,241億9,290万ドルに達し，外国投資企業は同国輸出の62.5％，輸入の57.0％を占めるまでになっ

---

(4) 国際通貨基金（IMF）World Economic Outlook, Oct 2015による。

た。ベトナムは対外開放政策による市場開放と対外市場アクセス環境の好転により，経済成長の実りを享受しつつ発展を遂げてきたのである。

国内産業が脆弱な時期にあっても，首尾一貫した対外開放政策と国際通商枠組みへの果敢な参加姿勢をみせたベトナムは，海外の投資家に好感され，中長期的な製造業の投資先として選好された。また，2000年代に入ると，中国への一極集中リスクが意識されるようになり，中国からの分散，移転などの二次展開先としてのベトナムが新たな工場立地先として注目された（池部（2012b），396頁）。安定した対外開放政策が，より大規模な輸出志向型製造業の生産立地を誘引し，外資主導によるベトナムの工業化と輸出の拡大が進展したのである。

表7-1は2000年以降のベトナムの貿易相手国の変化をみたものである。ベトナムは2000年以降2014年までの間，輸出は10.4倍，輸入は9.5倍に拡大した。国別にシェアをみると，輸出では米国向けが2014年に19.1％，中国が9.9％，日本が9.8％となり，それぞれ2000年比で39.1倍，9.7倍，5.7倍となった。輸入シェアは中国が29.5％と最大で，韓国14.7％，日本8.7％が続いた。なかでも2000年比では中国からの輸入が31.2倍と大きく伸び，韓国も平均拡大幅を上回る12.4倍となった。一方，日本や台湾からの輸入は小幅な伸びにとどまっている。

このように，相手国別でみたベトナムの貿易構造は，対外通商環境が改善するのに伴い，変化が生じた。輸出では2001年に米越通商協定が発効したことを受け，繊維製品を中心に米国向け輸出が大きく拡大し対米シェアが上昇した。一方，輸入では，外資系企業のベトナム進出が増加し，輸出加工型企業の生産に必要な部品・材料の多くを中国や韓国から輸入していることが背景となり，中国と韓国のシェアが上昇したと考えられよう（池部（2013），125〜126頁，池部（2015），2〜8頁）。

ベトナムは1990年代初頭から改革開放政策を本格化させ，グローバルな通商関係を着実に改善してきた。このベトナムの通商環境の広範化と多様化に加え，豊富で安価な労働力を活用できるベトナムの生産要素の利点によって，輸

表7-1 ベトナムの国・地域別貿易シェアの推移

(1)輸出
(単位:100万ドル, %)

順位		2000		2005		2010		2014		00年比拡大幅
		金額	構成比	金額	構成比	金額	構成比	金額	構成比	
	合計	14,482.7	100.0	32,447.1	100.0	72,236.7	100.0	150,217.1	100.0	10.4
1	米国	733.0	5.1	5,927.4	18.3	14,250.9	19.7	28,649.8	19.1	39.1
2	中国	1,536.4	10.6	3,246.4	10.0	7,742.9	10.7	14,928.3	9.9	9.7
3	日本	2,575.2	17.8	4,340.3	13.4	7,727.7	10.7	14,674.9	9.8	5.7
4	韓国	352.6	2.4	663.6	2.0	3,092.2	4.3	7,167.5	4.8	20.3
5	香港	315.9	2.2	353.1	1.1	1,464.2	2.0	5,264.7	3.5	16.7
12	タイ	372.3	2.6	863.0	2.7	1,182.8	1.6	3,473.5	2.3	9.3
16	カンボジア	141.6	0.98	555.6	1.7	1,563.8	2.2	2,685.4	1.8	19.0
37	ラオス	69.0	0.48	69.2	0.21	200.0	0.28	484.0	0.32	7.0
40	ミャンマー	5.7	0.04	12.0	0.04	49.5	0.07	345.0	0.23	60.9

(2)輸入
(単位:100万ドル, %)

順位		2000		2005		2010		2014		00年比拡大幅
		金額	構成比	金額	構成比	金額	構成比	金額	構成比	
	合計	15,636.5	100.0	36,761.1	100.0	84,838.6	100.0	147,839.0	100.0	9.5
1	中国	1,401.1	9.0	5,899.7	16.0	20,203.6	23.8	43,647.6	29.5	31.2
2	韓国	1,753.6	11.2	3,594.1	9.8	9,757.6	11.5	21,728.5	14.7	12.4
3	日本	2,300.9	14.7	4,074.1	11.1	9,016.1	10.6	12,857.0	8.7	5.6
4	台湾	1,879.7	12.0	4,304.2	11.7	6,976.9	8.2	11,063.6	7.5	5.9
5	タイ	810.9	5.2	2,374.1	6.5	5,602.3	6.6	7,053.3	4.8	8.7
21	ラオス	105.7	0.68	97.5	0.27	291.7	0.34	802.1	0.54	7.6
24	カンボジア	37.3	0.24	160.2	0.44	276.6	0.33	623.4	0.42	16.7
48	ミャンマー	3.6	0.02	45.8	0.12	102.8	0.12	134.6	0.09	37.5

(出所) Global Trade Atlas より筆者作成。

出製品の生産拠点として多国籍企業の集積地を大規模に形成してきた。携帯電話，印刷機械などエレクトロニクス製品の生産が活発となり，輸出品と輸出先市場が多様化しただけでなく，生産に必要な部品，材料の輸入先として東アジア諸国・地域，中でも中国や韓国のシェアが拡大してきたのである。

2. ベトナムの対メコン諸国の貿易構造変化

では，表7-1でメコン諸国についてみていこう。2014年の輸出シェアはメコン4カ国合計で4.7％に過ぎない。内訳をみるとミャンマー向けが60.9倍，カンボジア向けが19倍と大きく伸びた一方で，タイ，ラオスの伸びは輸出の平均拡大幅を下回る水準に留まった。輸入シェアはタイが全体の5位となったが，4カ国合計でメコン諸国のシェアは5.9％に過ぎない。2000年比の拡大幅ではミャンマーが37.5倍，カンボジアが16.7倍と大幅に拡大したが，ラオス

は7.6倍，タイは8.7倍に留まった。

また，メコン4カ国だけをみれば，輸出ではタイが49.7％を占め最大で，次いでカンボジアが38.4％であり，この2国だけでメコン向け輸出の88.1％を占める。メコン諸国からの輸入も，タイが81.9％と大半を占め，次いでラオスが9.3％，カンボジアが7.2％であり，ベトナムの貿易構造ではミャンマーとの関係は希薄である。

表7-2はベトナムとメコン4カ国の主要品目別貿易構造を2000年と2014年で比較したものである。以下，メコン諸国とベトナムの貿易構造の変化を，国毎に考察していく。なお，表はHSコードの2桁分類による品目を記載したが，必要に応じ4桁，6桁の詳細品目をGlobal Trade Atlas（GTA）で確認しながら論考する。

《タイ》

タイ向け輸出は2000年比で9.3倍，輸入では8.7倍に拡大しており，ベトナムの対世界貿易の拡大幅をやや下回る水準で推移した。2000年のタイ向け輸出は一般機械が38.8％と最大で，その内訳はコンピュータ部品が98.5％を占めた。これらコンピュータ部品は2000年当時，ベトナムに進出していた日系メーカーがハードディスクドライブ（HDD）用部品を生産しており，フィリピンやタイ向けに輸出していたものだ[5]。2014年も，ベトナムから軽量パソコン（タブレット型PC）を輸出し，タイからHDDを輸入する構造に変わったが，引き続きコンピュータ製品の産業内分業がみられる。鉱物性燃料は19.7％を占めるが，内訳は原油が76.9％，石炭が21.5％を占めた。石油精製施設を持たなかった当時のベトナムは，原油を輸出し石油製品を輸入する構造だったことが背景である。

同年のタイからの輸入はオートバイのノックダウン部品が22.9％を占めた。ホンダ，スズキ，ヤマハなど日系メーカーのほか，台湾や韓国系に加え，ベト

---

(5)「ニュースネットアジア（NNA）」1999年7月30日による。

表7-2 ベトナムの対メコン諸国貿易構造（品目別シェア）

(単位：100万ドル、％)

		輸出 2000		2014		輸入 2000		2014	
タイ	総額	372.3	総額	3,473.5	総額	810.9	総額	7,053.3
	一般機械	38.8	電気機械	28.1	オートバイ	22.9	一般機械	16.0
	鉱物性燃料	19.7	鉱物性燃料	15.6	プラスチック	14.4	鉱物性燃料	11.1
	電気機械	11.0	鉄鋼	7.8	鉱物性燃料	12.8	プラスチック	10.3
	水産物	8.9	輸送機械	6.9	飼料	3.9	電気機械	8.9
	特別分類品目	5.5	一般機械	5.0	医療用品	3.8	輸送機械	7.5
カンボジア	総額	141.6	総額	2,685.4	総額	37.3	総額	623.4
	鉱物性燃料	53.1	鉱物性燃料	23.6	ゴム	45.3	木材	40.5
	鉄鋼	11.4	鉄鋼	17.7	木材	31.9	キャッサバ	24.6
	特別分類品目	5.3	肥料	6.5	特別分類品目	4.9	ゴム	11.4
	石鹸、洗剤	4.2	プラスチック	4.6	カシューナッツ	4.7	カシューナッツ	8.6
	鉄鋼製品	3.8	航空機	4.3	タバコ製造機械	3.9	大豆	2.8
ラオス	総額	69.0	総額	484.0	総額	105.7	総額	802.1
	絹・絹織物	30.4	鉱物性燃料	21.0	オートバイ	58.9	木材	74.4
	鉱物性燃料	15.6	鉄鋼	18.8	木材	34.1	コーヒー	4.4
	落花生	14.4	オートバイ	10.1	特別分類品目	5.0	ゴム	3.9
	鉄鋼	6.4	電気機械	8.0	石膏	2.0	肥料	3.4
	特別分類品目	4.9	セメント	4.9	－		すず鉱	3.1
ミャンマー	総額	5.7	総額	345.0	総額	3.6	総額	134.6
	鉄鋼製品	27.4	鉄鋼製品	16.5	木材	48.3	豆類	42.5
	アルミ製ケーブル	10.5	プレハブ建築物	9.9	銅	26.4	木材	34.4
	衣類(非ニット)	8.9	電気機械	9.3	メイズ	11.2	銅	7.2
	人造繊維	8.6	鉄鋼	7.2	水産物	7.7	鉱物性燃料	4.0
	自動車の車体	6.5	アルミ製品	5.9	特別分類品目	4.0	水産物	3.7

注：・HSコード2桁分類によるが，品目が9割以上のシェアで特定される場合HS4桁の品目を表示した。
　　・鉄鋼は一次材料や合金にしていない純粋な鉄，ステンレス鋼，合金鋼など。鉄鋼製品は鉄製の機能をもった製品。
　　・ラオスからの2000年の輸入品目は統計上4品目のみ計上されている。
　　・表中の特別分類品目は，輸出加工区企業の輸出入と考えられる。
(出所) Global Trade Atlasより筆者作成。

ナム地場の組立メーカーが乱立した時代であった（池部（2001），112～117頁）。ベトナムで現地生産を行なっていたが，部品メーカーの集積が限定的であったことから，中国やタイからのノックダウン部品に依存した生産体制であった。実際，Global Trade Atlas（GTA）で確認すると2000年当時，ノックダウン部品のタイからの輸入額は1億7,313万ドルであったが，2005年には約19万ドルにまで収束しており，国内のオートバイ生産の発展に伴い，現地調達が可能になってきたことなどが背景にあると推測できよう。また，輸入シェア2位のプラスチックは，ベトナムが未だ発達した化学産業を持たないことか

ら，タイから多種多様な樹脂を輸入していたことによる。鉱物性燃料は揮発油などの石油製品であり，国内に製油所を持たないベトナムは，当時はシンガポール，中国，台湾，タイなどからの輸入に依存していた。

　2014年になると，タイ向け輸出構造は電気機械が28.1％を占め最大の品目となった。内訳は携帯電話の最終財が69.6％を占め，印刷回路（6.3％），ワイヤーハーネス（5.1％）が続く。電気機械は携帯電話や集積回路に代表されるIT関連製品を多く含む品目で，小型，軽量，高価格という特徴を持ち単位当たりの輸送費が安価となるため産業内国際分業が活発な品目だ。この点，外資主導による生産拡大によりベトナムも，域内先進国であるタイとの間で産業内分業による生産ネットワークを形成してきたといえよう。このほか，原油を中心とした鉱物性燃料が15.6％と大きなシェアを有し，被膜または鍍金した鉄鋼フラットロールなども輸出品となっている。また，輸送機械の主要品目はオートバイの完成車が52.5％，ギアボックスなどの自動車部品が23.7％，オートバイの部品が22.7％などとなった。

　2014年の輸入をみると，一般機械が16.0％を占めるようになった。内訳をみると，生産機械などの資本財ではなく，エアコン，冷蔵庫，洗濯機などの消費財が中心であった。また，石油製品などの鉱物性燃料とプラスチック，輸送機械は2000年時点でも輸入上位品目であり，大きな変化はみられない。ただし，輸送機械については乗用車の車体部品，操舵部品のほか，5トン以下のトラック（完成車）などであり，2000年当時のオートバイのノックダウン部品が大半だった構造から，部品レベルの分業構造が顕著となっていた。

《カンボジア》

　ベトナムのカンボジア向け輸出は2000年比で19.0倍，輸入は16.7倍へと平均を上回る拡大幅で伸長した。2000年のカンボジア向け輸出は鉱物性燃料が53.1％を占め，揮発油がほぼ全量を占めた。国内に精油所を持たないベトナムがガソリンなどの揮発油をカンボジアに輸出している実態は奇異な現象にみえる。これは，第3節で詳述するが，ガソリンの国内需要が未だ小さいカンボジ

アに対し，ベトナムが輸入したガソリンの一部を供給していることによる。後年，2011年にはベトナム石油製品小売大手のペトロリメックスがガソリンスタンド事業でカンボジアに進出しており，カンボジアのガソリン流通をベトナムが担う形で輸入が始まったと推測できる。このほか，輸出品では鉄鋼や小売用調整洗剤などが続いた。

　輸入ではゴム，木材，カシューナッツなど一次産品が81.9％を占めた。一般機械の輸入が5位に計上されているが，これはタバコ製造機械一式のみであり，2000年を除くと，同種の機械輸入がないことから，払い下げなどの一時的な輸入だったと考えられる。

　2014年の貿易をみると，輸出では引き続き鉱物性燃料，鉄鋼などのシェアが上位を占めた。鉱物性燃料の輸出は揮発油などに加え，2006年から電力輸出も始まった。カンボジアの国内送電網が未整備で，かつ電力需給が逼迫しており，カンボジアは国内電力需要の4割をベトナムの供電に依存している[6]。このほか，第3節で後述するベトナムの対外投資で，カンボジアやラオスの農業用地を借り受け，ゴム，コーヒー，キャッサバなどの商品作物の栽培事業が増加しており，肥料などの関連品目の輸出が拡大していると考えられよう。また，プラスチックは樹脂などの工業原料は少なく，容器やシートといったプラスチック製品が大半を占めた。このほか，航空機輸出は，当然のことながらベトナムは自国産飛行機を製造していない上，2000年以降初めて計上された輸出品であることから，中古機材の払い下げと考えられる。

　輸入では，木材，キャッサバ，ゴム，カシューナッツ，大豆など輸入上位品目はすべて一次産品であった。このように，ベトナムとカンボジアの間の貿易構造は，ベトナムから工業原料や日用品を輸出し，カンボジアから一次産品を輸入する貿易構造であり，2000年以降の上位品目においては，2国間貿易構造に大きな変化は確認できなかった。

---

(6)　「ニュースネットアジア（NNA）」2013年5月31日による。

《ラオス》

　ベトナムの対ラオス貿易は2000年以降，輸出額は7倍，輸入は7.6倍に拡大した。ただし，ベトナムの貿易額全体の拡大幅をそれぞれ下回る水準に留まっている。2000年の輸出をみると，ラオスの伝統工芸品である絹糸と絹織物がベトナムから対ラオスへの最大の輸出品であり，2000年代中ごろまで同品目が高いシェアをもっていた。また，カンボジアと同様に鉱物性燃料（全量揮発油），落花生が主要品目となった。

　輸入はオートバイが58.9％を占めたが，当時はラオス国内にオートバイ製造業はなく，タイ製オートバイのラオス経由での輸入と考えられる。ラオスはベトナムが米国などによる禁輸措置が取られていた1990年代初頭まで，タイ製オートバイのベトナムへの輸出ルートとなっていたことなどから（池部（2001），112～117頁），ノックダウン部品や半完成車のベトナム向け輸出が多かったと考えられる。実際，GTAでその後の推移を確認すると，2003年以降はラオスからのオートバイ輸入は，途中わずかな輸入額が計上されたものの，2014年までゼロの状態となっている。このほか，ラオスからの輸入は木材や石膏など一次産品が占めた。

　2014年になるとベトナムからラオス向け輸出品目でオートバイや電気機械がシェアを拡大した。輸出シェアは鉱物性燃料が21.0％を占め最大で，内訳は揮発油などが大半を占めた。ベトナムはペトロベトナムによるガソリンスタンド事業を展開しており，ラオスのガソリン小売の3割を占めるといわれる[7]。揮発油のほか石炭や電力輸出も含まれる。ベトナムはラオスから電力を輸入する一方，ラオスの国境地域などに供電していると考えられる。電気機械は印刷回路が30.9％を占め最大で，ワイヤーハーネス用のケーブルや端子などが24.1％，集積回路が23.5％となった。なかでも印刷回路は2014年に突然輸出が開始され，集積回路も2010年から輸出が開始された後，2014年に急増している。こうしたことから，ラオス国内に生産立地した外資系企業の生産に

---

(7) *The Saigon Times*, 2011年3月15日。

必要な部品をベトナムから供給する分業構造が現出したと推測できる。

　輸入では上位品目はすべて一次産品が占め，木材が最大で74.4％に達し，コーヒー，ゴムなどの商品作物の輸入も増加した。このようにベトナムとラオスの2000年以降の貿易構造は近年変化がみられた。それはベトナムからの輸出が鉄鋼，セメントといった工業原料に加え，電気機械関連の部品が増加した点にある。ラオスは2000年代後半から外資系企業の生産立地が増え始めており，こうした生産に必要な部品を隣国のベトナムから供給する分業が一部始まったのである。

《ミャンマー》

　ミャンマーはベトナムにとって輸出先の40位，輸入先の48位であり，貿易シェアも輸出の0.23％，輸入の0.09％を占めるに過ぎない。しかし，表7-1でもみたとおり，2000年以降の拡大幅は輸出で60.9倍，輸入で37.5倍とメコン諸国のなかで最大の伸び率を示す。2000年の貿易額が輸出入共に数百万ドルと極めて小さく，これはミャンマーが軍政による閉塞的な外交関係にあったことや，禁輸措置による経済の低迷期にあったことなどとも無縁ではないだろう。また，ラオスやカンボジアと異なり，陸で国境を接していないミャンマーは同じメコン地域にある国とは言え，海運か空輸による輸送手段しかなく，ベトナムとっては近くて遠い国であった。

　2000年の輸出は鉄鋼製品が27.4％を占め最大だが，内容は建設用の足場などの鉄製構造物であった。このほかアルミ製ケーブルや衣類，自動車の車体など，最終財か半製品の輸出品が大半を占めた。人造繊維はミャンマーで当時盛んになりつつあった縫製工場向けの材料と考えられよう。輸入は木材が最大で，銅，メイズ，水産物など一次産品が占めた。

　2014年は，輸出では引き続き鉄鋼製品，鉄鋼，アルミ製品（アルミ缶など）などの加工品が占めた。このほか，電気機械が上位にあり，内訳をみると端子などのワイヤーハーネス部品，整流器などの電子部品，蓄電池などであった。輸入は上位品目すべて一次産品であり，鉱物性燃料は揮発油だった。

ミャンマーとベトナム間の貿易は拡大幅が大きいとはいえ規模は未だ小さい。また、ベトナムから電気機械関係の電子部品が輸出されるようになっており、相手国の国内産業の発展に呼応するようにベトナムから供給され始めた外資系企業のミャンマーでの生産が活発化すれば、ベトナムからの部品、材料の供給が増加する可能性もあるだろう。

3. 小活

1990年代から始まった改革開放政策を通じ、ベトナムは自由貿易ルールに則った国際通商の枠組みに積極的に参加してきた。自国の市場開放と引き換えに対外市場アクセスを果たし、輸出加工拠点としての生産立地の価値を高めてきた。

外国投資企業の旺盛な輸出が牽引役となり、2000年から2014年の期間に貿易額は9.9倍に拡大した。貿易構造も輸出では米国向けが拡大し、韓国や香港向けもシェアが上昇した。一方、輸入では中国や韓国への依存度が上昇し、日本や台湾が低下した。メコン諸国との貿易規模はこの間10.1倍と全体の拡大幅とほぼ同じ水準で拡大した。ベトナムとメコン諸国との貿易関係が他国・地域と比べとりわけ緊密化したとはいえないのである。

ベトナムはGVCへの参加を通じ、貿易構造のグローバル化と拡大を推し進めた。メコン諸国のなかで、タイとベトナムを除いたCLMは、外国投資の生産立地が始まったばかりの段階にある。ベトナムとタイとの間は、携帯電話やコンピュータ関連部品、オートバイや自動車部品などで産業内国際分業構造がみられた。CLMとの間では一部で外資系企業の生産立地によるとみられる工業部品の貿易構造が確認できたが、規模はまだ小さい。具体的には、ベトナムがラオス向けに印刷回路、集積回路、ワイヤーハーネスの端子を供給する構造を確認した。また、カンボジアへの輸出上位品目に電気機械は入っていないため別途GTAで確認したところ、電気機械は2014年の対カンボジア輸出品目の8位に位置しており、輸出額は8,888万ドルで、2010年以降ワイヤーハーネスの部品が大幅に拡大していた。また、ミャンマーでは外資系企業の生産立地は

縫製産業を除けば工場操業がようやく始まろうとしている段階であり，今後，ミャンマーへ外国投資企業の進出が増えれば，ベトナムからの部品・材料の輸出が増加する可能性もあるだろう。

　このように，ベトナムとCLMの貿易規模は未だ小さく，構造はベトナムから資本財や生産財のほか消費財が輸出され，CLMからは一次産品を中心とした輸入が大勢を占めていた。今後，この貿易構造が変化するとすれば，既にラオスとカンボジアでみられる外資系企業の生産立地による電気機械部品を中心とした輸出の拡大となろう。

第3節　ベトナムの対メコン諸国投資

1. ベトナムの対外直接投資の変遷

　図7-1は1989年から2014年までのベトナムの対外直接投資（認可ベース，フロー，拡張投資含む）の推移を示す。同期間の累計で931件，登録資本金額は約200億ドルとなった。1990年代は，投資規模は件数で10件未満，金額も最大で560万ドルという小規模なものだった。2000年代に入ると対外投資は徐々に活発となり，ベトナムがWTOに加盟した2007年には通年で80件，9億7,790万ドルへと拡大した。それ以降，件数は毎年80件を超えるペースで推移し，登録資本金額も15億ドルから35億ドルと高い水準で推移している。2006年までの累計が180件，8億230万ドルであったのに対し，2007年から2014年までの累計は751件，191億9,760万ドルであり，件数で4.2倍，金額で23.9倍となった。また，2014年は件数では過去最多となる109件が認可され，資本金額は17億8,680万ドルで，1件当たりの規模は1,639万ドルとなった。

　1989年から2013年までの主要な国・地域別および業種別の累計を示したのが表7-3である。いずれも登録資本金額の多い順に10位までを列記した。国・地域別にみると上位10カ国はアジア，南米，ロシア，アフリカ諸国と広範にわたる。また，後発発展途上国や新興国が多い。なかでも，投資先の1位と2位がラオスとカンボジアが占めており，ミャンマーも8位に位置している。ラ

オスとカンボジアの規模が件数,金額共に突出して大きく,ミャンマーも含めたCLMが,件数の55.0%,金額の48.7%を占めた。ただし,1件当たりの資本金額をみると,CLM諸国は2,000万ドルから3,690万ドルの規模であり,南米やアフリカ諸国と比べ投資規模は小さい。

同様に表7-3で業種別にみると,鉱業が73億4,190万ドル（63件）と金額構成比で44.2%を占め最大で,次いで農林水産業が27億3,970万ドル（107件),電力・ガス等が21億2,440万ドル（9件）となり,上位3分野で全体の73.5%を占めた。業種別の1件当たりの登録資本金額をみると,文化・娯楽が2億8,130万ドルと最大で,次いで電力・ガス等が2億3,600万ドル,鉱業が1億1,650万ドルであった。

前節で確認したように,ベトナムのCLM諸国への貿易依存度は高くなかった。対外直接投資では貿易構造とは対照的に,ベトナムのCLMへの関わりが大きいことが分かる。次項で,国別投資件数,金額で大きな割合を占めるラオス,カンボジアへのベトナム企業の投資についていくつかの事例を確認していきたい。

2. ベトナム企業の対ラオス投資の事例研究

本項では,ベトナム企業のラオスとカンボジアへの進出事例を,現地報道や各社ウェブサイトなどから集めた情報によって概観していく。先ず,最大の投資先国であるラオスへの進出動向をみていこう。

ベトナムの石炭・鉱物の生産販売大手の国有企業,Vinacominはラオスで鉱業開発事業を展開している。2007年にベトナム北中部のゲアン省と陸上国境で接するラオス・シエンクワーン県で鉄鉱石の採掘事業を開始し,2009年にはタイ国境に近いサワンナケートで化学塩事業,同年にラオス北部ルアンナムタ県で石炭採掘事業と同石炭を利用した火力発電事業に参画している[8]。

このほか,肥料,農薬,ゴムの製造販売大手の国有企業,ベトナム化学グ

---

(8) *Vietnam News*, 2012年6月26日。

図7-1　ベトナムの対外直接投資の推移

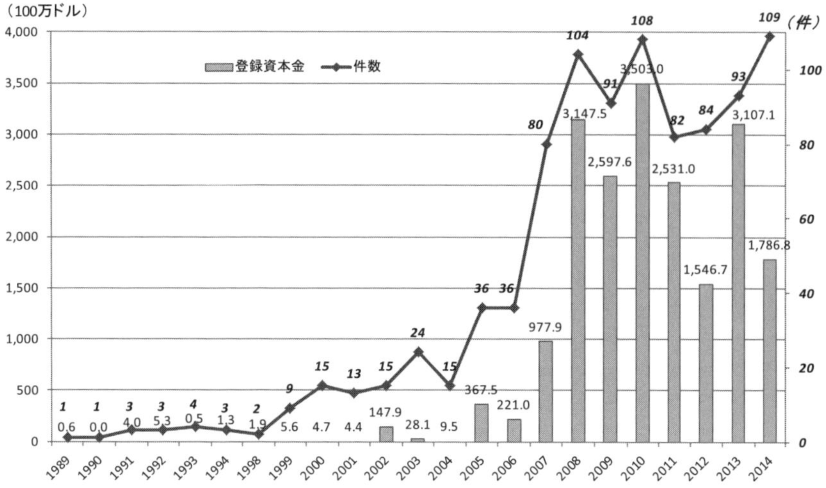

注：1995～97年はデータ未掲載。
(出所) ベトナム統計総局ウェブサイトより筆者作成。

ループ（Vinachem）は2012年にラオス中部のベトナム国境に位置するカムアン県での岩塩採掘事業と採掘したカリウムを利用した肥料工場建設で4億5,000万ドルの投資を決めた。採掘事業は10平方kmのエリアで20年という事業期間であり、肥料工場は年間32万トンの生産能力を持つという[9]。生産した肥料はベトナム向けに輸出されている模様で、GTAで確認すると、2011年にラオスの対ベトナム輸出品目で初めて肥料が計上され、金額は140万ドルと小規模であったが、2014年には2,728万ドルへと順調に拡大している。

また、農林水産分野では、ベトナム国有ゴム大手のVietnam Rubber Groupが2007年からラオスでのゴム植林と収穫のためのプランテーション事業を展開している[10]。ラオス政府から土地の期限付き使用権を手に入れ実施してい

---

(9)　*Vietnam News*, 2012年2月10日。
(10)　*Vietnam News*, 2013年10月17日、Vietnam Rubber Group社ウェブサイトによる（2015年12月22日参照）。

表7-3　ベトナムの対外直接投資累計（1989年～2013年）（国・地域，業種別）

(1) 国・地域別

（単位：100万ドル、%、件）

	件数	登録資本金	構成比	金額／件数
合計	713	16,624.0	100.0	23.3
ラオス	230	4,601.8	27.7	20.0
カンボジア	150	3,046.3	18.3	20.3
ベネズエラ	2	1,825.4	11.0	912.7
ロシア	10	1,590.1	9.6	159.0
ペルー	6	1,336.9	8.0	222.8
アルジェリア	2	1,261.5	7.6	630.8
マレーシア	11	747.9	4.5	68.0
ミャンマー	12	442.9	2.7	36.9
モザンビーク	1	345.7	2.1	345.7
カメルーン	1	230.2	1.4	230.2
その他	288	1,195.3	7.2	4.2

(2) 業種別

（単位：100万ドル、%、件）

	件数	投資金額	構成比	金額／件数
合計	713	16,624.0	100.0	23.3
鉱業	63	7,341.9	44.2	116.5
農林水産業	107	2,739.7	16.5	25.6
電力、ガス等	9	2,124.4	12.8	236.0
情報・通信	38	1,296.1	7.8	34.1
文化・娯楽	4	1,125.1	6.8	281.3
不動産	29	509.7	3.1	17.6
金融	26	503.3	3.0	19.4
製造業	113	424.3	2.6	3.8
ホテル・飲食	24	113.9	0.7	4.7
小売・卸売	148	113.1	0.7	0.8
その他	152	332.5	2.0	2.2

（出所）ベトナム統計出版『ベトナム統計年鑑 2013年版』。

る。ゴムの栽培ノウハウと市場に関する豊富な情報が長年ゴム事業を手がけてきたベトナム企業の優位性となる。また，ラオス企業に比べ資本力も強く，かつ気候や土壌といった相似性も陸続きの隣国ならではの強みとなるだろう。このほかにもキャッサバやコーヒーなどの輸出商品作物の分野でも多くの投資がみられる。GTAで2009年から2014年のベトナムの対ラオス輸入額の推移をみると，コーヒーは550万ドルから3,531万ドル，ゴムは18万ドルから3,141万ドル，キャッサバは8.7万ドルから670万ドルへとそれぞれ大幅に拡大しており，農業分野へのベトナム企業の進出が背景となろう。

情報・通信では，ベトナムの携帯電話市場で40％以上のシェアを持つ国有

企業，ベトナム軍隊通信グループ（Viettel）が2007年にViettel Global社を設立し，同社を通じて通信事業の海外展開を開始した。2008年にラオスでStar Telecom社（ブランド名：Unitel）を設立し通信事業に参入した。ラオスの携帯電話キャリア市場で50％近いシェアを持つとされる[11]。

ベトナムの企業投資の多くが国有企業によるものだったが，民間企業の進出事例もある。ベトナムの不動産大手Hoang Anh Gia Lai（HAGL）は木工メーカーとして創業したが，不動産，ゴム，ヤシのプランテーション，水力発電等も手がけるなど業容を拡大してきた。同社は2007年からラオスでゴム，サトウキビ等の農業開発事業を展開しており，2011年にはベトナム中部高原コントゥム省と国境で接するラオス南部アタプー県で，1億ドルを投じた製糖プラント建設を着工した。1日7,000トンのサトウキビを加工処理するだけではなく，残滓を利用した30MWのバイオマス発電施設も併設した。また，同社は大型発電事業にも参入し，2011年にアタプー県で総投資額1億3,500万ドルにおよぶ2つの水力発電所案件についても投資認可を取得した。Nam Kong 2とNam Kong 3というこれら発電所は，それぞれ66MW，45MWの発電容量とされる。また，2012年には4,000万ドルのアタプー空港の滑走路，ターミナルビルの建設事業の着工，2013年には7,400万ドルのフアパン県ノンハン空港建設事業の契約を締結し，同2013年にラオスの首都ビエンチャンで1,650万ドルを投じた4つ星ホテルの建設も開始した。同社は農林業，電力，建設，不動産と様々な分野でラオスへの投資を進めている[12]。

通信事業以外のサービス産業では銀行業の進出事例が目立つ。ベトナム投資開発銀行（BIDV）のラオス市場参入時期は比較的早く，1999年にラオス外国貿易銀行（BCEL）との合弁会社，Lao Viet Bankを設立した。同行の総資産は8億3,000万ドルで，ラオスの4大銀行の1つに数えられるまでに成長した。

---

(11) ベトナム情報通信省およびViettel Global社ウェブサイトによる（2015年12月22日参照）。
(12) *The Saigon Times*, 2011年11月23日，*Vietnamnet*, 2012年2月2日，*The Voice of Vietnam*, 2013年4月20日および6月16日，*Thanh Nien News*, 2015年3月30日およびHAGL Hydro Power社ウェブサイトによる（2015年12月24日参照）。

また，ホーチミン市に本店を構える民間商業銀行のサイゴン商信銀行（Sacombank）は，2008年にビエンチャン支店を開設した。2015年8月にはベトナム国家銀行の承認を得てビエンチャン支店を現地法人へ格上げし100％子会社として運営している。ハノイの商業銀行，サイゴン・ハノイ銀行（SHB）も2012年にラオス南部の中心都市であるチャムパーサック県のパクセーに支店を開設している。このほか，ハノイに本店を構え政府も出資する商業銀行のベトイン銀行（Vietinbank）は2012年にビエンチャン支店を，また2014年にはパクセーにも拠点を開設した[13]。

小売・卸売業ではベトナム最大の石油公社，ペトロ・ベトナム（Petrovietnam）が2009年に現地企業を買収し，2010年からラオスでガソリンスタンド事業を展開している。当初70カ所だったガソリンスタンドは2015年2月時点でラオス国内15県に104カ所にまで拡大した。また，石油製品小売大手のペトロリメックス（Petrolimex）も2011年にラオスでの投資許可を取得し2012年にはガソリンスタンドをビエンチャンで開業した[14]。

3. ベトナム企業の対カンボジア投資の事例研究

ラオスに次いでベトナムからの投資が多いカンボジアの事例についても概観していく。

カンボジアでもベトナム国有企業が主体となった旺盛な進出がみられる。既述の石炭・鉱物の生産と販売大手のVinacominは2011年，ベトナム南部と国境を接するモンドルキリ州で1,500平方kmにおよぶ区画でボーキサイトの探査を実施したとされる。また，同社は2010年にシアヌーク州で，カンボジアの投資会社，Mong Reththy社と合弁でレンガ等の建材を生産販売する合弁会社を設立した。当初の投資額は500万ドルで，200人以上を雇用するというも

---

[13] *Vietnam Plus*, 2015年8月22日, *Nhan Dan*, 2015年3月31日, *Vietnamnet*, 2015年8月4日およびSacombank, Lao Viet Bank, SHB, Vietinbank各行のウェブサイトによる（2015年12月22日参照）。

[14] *The Saigon Times*, 2011年9月12日, *Vietnam News*, 2015年12月2日およびPetrolimex (Lao)社ウェブサイトによる（2015年12月24日参照）。

のだ(15)。

　Vietnam Rubber Groupはラオスでの事業展開と同じく，2007年からゴムのプランテーションに着手しており，13万2,000ヘクタールの用地を確保した。2014年にはベトナム中部高原と国境を接するラタナキリ州でゴムの加工工場を開設した。2種類の生産ラインの合計で年間5,000トンの生産能力があり，総投資額は520万ドルとされる。同州にある約4万5,000ヘクタールの農園から原料を調達し加工した上でベトナム経由で輸出していると推測できる。なお，同社はラオスとカンボジアの両国に関連会社が19社あるとされる(16)。ベトナムのカンボジアからの輸入推移をGTAで確認すると，ゴムは2000年に既に1,690万ドルの輸入があり，2014年に7,098万ドルへと拡大した。キャッサバは2003年に4万ドル余りの輸入額が初めて計上されて以来拡大を続け，2014年には1億5,338万ドルと大幅に増加した。カシューナッツも2000年の176万ドルから2014年には5,336万ドルに増えており，ゴム以外の一次産品でもベトナム企業の投資が背景となる輸入拡大があると推測できる。

　通信事業のViettelも2006年にViettel（Cambodia）を設立し，2009年からMetfoneのブランド名で携帯電話キャリア，インターネットのプロバイダー事業を展開している。携帯電話キャリア市場の50％のシェアを占め，2,000人以上のスタッフを抱える規模に成長した(17)。

　金融サービスでも，ラオスと同様の銀行が積極的に出店している。BIDVは2009年に100％出資のカンボジア投資開発銀行（BIDC）を開業した。その後，2015年5月時点で同国に8支店を開設し，総資産は6億2,000万ドルとなった。SHBもプノンペン支店を開設し，Sacombankも2009年にプノンペン支店を開設し，2011年に100％出資の現地法人へと格上げした。また，ベトナム農業地方開発銀行（Agribank）は2005年にプノンペンに駐在員事務所を設立し，

---

(15)　*Online newspaper of the government*, 2010年6月19日, *The Saigon Times*, 2011年4月20日およびMong Reththy社ウェブサイトによる（2015年12月24日参照）。
(16)　*Vietnam Investment Review*, 2012年5月21日, *The Saigon Times*, 2014年12月24日およびVietnam Rubber Group社ウェブサイトによる（2015年12月22日参照）。
(17)　Viettel Global社ウェブサイトによる（2015年12月22日参照）。

2010年にプノンペン支店を開設した。軍隊商業銀行（MB）も同行にとってビエンチャン支店に続く海外で2番目の支店となるプノンペン支店を2011年に開設した(18)。

　航空分野でもベトナム企業の参入事例がある。2009年に設立されたカンボジア・アンコール航空は，カンボジア政府が51％，ベトナム航空が49％を出資し設立された。現在，プノンペンとシェムリアップ間，プノンペンとホーチミン間，シェムリアップとシアヌークビル間を毎日，また，プノンペンと上海を週4便，プノンペンと広州を週3便で運行するなど，カンボジアのナショナル・フラッグシップとして業績拡大中だ(19)。

　また，2014年には，ベトナムの牛乳市場のシェア5割弱を有し，売上げ高16億ドルに達する乳製品最大手のビナミルク社（Vinamilk）が，プノンペン特別経済区（SEZ）での製造ライセンスを取得した。総投資額は2,300万ドルで，ビナミルクが51％，現地企業49％の合弁会社となる。年間で1,900万リットルの超高温殺菌（UHT）牛乳のほか，ヨーグルトやコンデンスミルク等を生産する予定だ。カンボジア市場で販売し，2015年は3,500万ドル，2017年には5,400万ドルの売り上げを見込んでいる(20)。

4. 小活

　ベトナムの対外直接投資は2007年から本格化したことを確認した。最大の投資先であるラオスと2番目の投資先となるカンボジアへの投資の内容を事例研究で確認した。いずれも資源開発や農業開発，通信事業，ガソリン小売事業，金融業が主要業種で，投資額が大きいプロジェクトであり，国有企業が中

---

(18)　*The Phnon Penh Post*, 2009年6月8日，*Vietnam Investment Review*, 2011年12月21日，*The Voice of Vietnam*, 2014年6月25日，*Nhan Dan*, 2015年5月26日およびBIDC, SHB, Agribank各行のウェブサイトによる（2015年12月24日参照）。
(19)　Vietnam Airline社，Cambodia Angkor Air社ウェブサイトによる（2015年12月24日参照）。
(20)　*Tuoi Tre*, 2014年1月17日およびVinamilkウェブサイトによる（2015年12月24日参照）。

心だった。

 では，2007年以降，対外投資が急速に拡大した要因にどのようなことがあるのだろう。2007年はベトナムにとって悲願のWTO加盟を果たした年である。対外市場アクセスを得た点において，輸出拡大や外資主導による生産立地の集積効果があったことを第1節で検証した。WTO加盟はもう一方でベトナムの国内市場開放を迫るものでもあった。国有企業に対し「国の優遇的扱いを廃止して，外国企業，ベトナム民間企業と同じ条件で競争的市場で活動することを要求するもの」（石田（2008），20頁）であり，ベトナム国有企業にとって事業再編と業容拡大，市場獲得のための対外進出を加速させることになったと考えられよう。

 ラオスやカンボジア向けの事例研究を通じて，主要業種は航空，エネルギー，通信，金融，商品作物といった，いずれも国有企業が独占的に権益を握る分野であった。WTO加盟によって，国内市場を対外的に開放することとなり，権益の独占構造が解消され，国有企業の対外進出を加速させた。豊富な資金と市場情報を持つ国有企業が，後発発展途上国のラオスとカンボジアに向かったのである。地理的な近接性は，輸送コストの低減や経済発展レベルと文化的相似性の点でも利点となったはずである。

 ベトナムはドイモイ政策の本格始動から順調な成長を続けてきた。この間，国有企業は資金，技術，海外市場情報などの経営資源を内部化することに成功した。そして2007年のWTO加盟を契機に，販売市場獲得と生産量拡大を視野に隣国に向け動き出したのである。

第4節　結びにかえて

 本章ではベトナムの貿易構造と対外直接投資の動向分析から，ベトナムと周辺メコン諸国との関係の変遷をみた。CLM諸国との間の貿易構造は現時点では規模でみる限り大きくないこと，品目もベトナムが一次産品を輸入し，鉄鋼や石油製品，プラスチックなど日用品を輸出する伝統的な地域間の貿易構造で

あることを確認した。ただし，貿易構造の中で顕著な変化とは言えないものの，外国投資企業の生産立地によって生じた工業生産のための部品や材料のベトナムからの供給が始まっていることを確認した。

対外直接投資の動向からは，2007年を境にベトナム国有企業を主体とする海外進出が加速したこと，投資先はラオスとカンボジアが件数と金額でいずれも5割程度を占め，隣接する2国がベトナムにとって最大の投資地域であることを確認した。また，こうしたベトナム国有企業の旺盛な海外進出は，WTO加盟によるベトナム市場開放で国有企業の優遇的政策が終了したことが重要なきっかけであったと推測した。

現時点では，ベトナムが揮発油や工業製品の部品輸出を拡大し，CLM諸国からは一次産品を中心に輸入する産業間の垂直的な貿易関係にある。また，投資交流でもベトナム企業が一方的にカンボジアやラオスの市場獲得と資源開発を進めており，一人勝ちの様相を呈している。では，ベトナムだけでなく，ラオス，カンボジアも含めたメコン東部諸国が今後バランスを取りながら持続的に成長していくためにどのような課題があるかを検討してみたい。

ベトナムは外国投資主導の成長を続けてきた。ラオスとカンボジアはこれから外資を導入し自国の工業生産力を高め，輸出を拡大する初期段階に位置している。国内の交通輸送や電力といったインフラ整備も十分でないなか，隣国のベトナムのインフラを一部活用することも現段階では重要な活路となろう。たとえば，ラオスとカンボジアのベトナム国境に近い地域は，両国の首都からみれば遠く離れた遠隔地となる。送電インフラが未整備の地域であればベトナムの供電に頼ることで，工業団地や経済特区（SEZ）の造成によって外資系企業の誘致が可能となる。カンボジアの東部，バベットでは経済特区の開発が進展し，輸出産業を中心に外資系企業の生産立地が進みつつある。また，これらSEZはベトナムからの電力供給を受け，輸出入貨物もベトナムの輸送サービスを利用し，ベトナム南部の海港を利用して国際航路へアクセスが可能となる。カンボジア国内のインフラ整備を待たずして，企業活動に必要な比較的良好な事業インフラを利用可能なのだ。将来，カンボジアやラオスは自国の発展

に必要な港湾や道路，送電網，輸送品質向上といった事業インフラの整備が重要となるが，今足りないものを隣国のベトナムを利用することで補うこともまた，工業化の初期段階の両国にとって有用な選択となろう。

　つぎに，ベトナムが一定の産業集積を獲得し，こうした産業の一部がカンボジアとラオスに二次的に展開するかという点を考えてみたい。既述したベトナム国有企業の対外投資ではなく，これら地域の生産要素の格差による国際分業が起こりうるかという点について検証する。先にみたベトナムの周辺国向け投資でも製造業投資は乳製品の製造販売，肥料生産など極限られた例しかなかった。これは，ベトナムの製造業分野の企業のなかで世界市場に輸出するグローバル企業が育っておらず，製造業分野の多国籍企業も存在しないことから当然の現象といえる。既述のとおりベトナムとラオスとカンボジアとの間の労働コストでみる生産要素の比較優位差は小さい。労働者の賃金に大きな差がなければ，労働集約的な工程の一部移管や工場の移転といった二次展開は起こり難い。日本貿易振興機構（2015b）によれば，ベトナム製造業の一般作業者の月額賃金は185ドルであり，ラオスの179ドル，カンボジアの162ドルと同程度となっている。このため，賃金差による生産分業は外資系企業にとっても二次展開の動機とはならず，ベトナム・プラス・ワンは起こり得ない。

　ただし，CLMを輸出生産拠点として，EUや日本，米国など先進国市場向けの輸出環境をみると，輸入国側の最貧国特恵関税などの恩典が得られることがある。たとえばEUはASEAN諸国ではCLMの3国に対し，武器弾薬以外の関税がゼロとなる特恵関税（EBA）を適用している[21]。このほか，米国や日本もカンボジア，ラオスなどの最貧国に対し特恵関税を適用しており，ベトナムよりもCLMの方が先進国市場において輸入関税が優遇されるケースが散見される。たとえば，衣類などの縫製業がベトナムではなくカンボジアやラオスを選好する背景にもこうした輸出先市場の税恩典の差異がある。このほか台湾の自転車OEM企業の欧州向け輸出拠点として，ベトナムからカンボジアに

---

(21)　The European Commissionウェブサイトより（2015年11月25日参照）。

製造拠点が移転するといった二次展開がみられた[22]。CLMはベトナムとの間で生産ネットワークを形成する可能性があるが，それはいわゆるチャイナ・プラス・ワンやタイ・プラス・ワンといった生産要素の比較優位差による分業ではなく，輸出先市場の特恵関税などの恩典によって生じる生産再配置であり，半ば時限的な措置となるものだ。

　では，ベトナムとの間の分業構造の深化に向け，どのような課題があるのか。製造業の投資促進の観点であれば，カンボジアおよびラオスとベトナムを結ぶサービス・リンク・コストの低減が重要課題となろう。それぞれの国に立地する拠点間を結ぶ輸送費（時間）などのサービス・リンク・コストを低減できれば，円滑で競争力のある分業体制が形成される可能性もある。そのためには，ハードインフラだけではなく，手続きの簡素化や迅速化などソフトインフラ面の改善も必要となる。特に，プノンペンとホーチミン市は230kmと近接しており，経済回廊の集積と分散効果による経済波及が期待できる。また，海港を持たないラオスにとってもベトナムとの間の輸送が効率化すれば，ベトナム経由での海外市場へのアクセス環境が改善し，ラオスの国内産業にとってもメリットは大きい。

　メコン東部地域の3国のなかで，最も早くGVCへ参加し，貿易のグローバル化を果たしたベトナムが，後発発展途上国であるカンボジアとラオスと密接な経済基盤を持つことで，これら後発国の経済発展を促す効果が期待できる。ラオス，カンボジアの工業化を考えるとき，両国にとってもベトナムを利用する価値が十分存在するのである。

【参考文献】
池部亮（2001）「ベトナム―中国の対ASEAN前線輸出基地」丸屋豊二郎・石川幸一編『メイド・イン・チャイナの衝撃』日本貿易振興会，107～124頁。
池部亮（2012a）「ベトナム市場経済化の基本構造」関満博・池部亮編著『ベトナム/

---

[22] *The Phnom Penh Post*, 2013年2月6日。

市場経済化と日本企業』新評論，13～46頁。
池部亮（2012b）「ベトナムの投資動向と今後の展望」関満博・池部亮編著『ベトナム/市場経済化と日本企業』新評論，396～419頁。
池部亮（2013）『東アジアの国際分業と「華越経済圏」』新評論。
池部亮（2015）「ASEANの中国依存度の高まりと生産ネットワーク」『中国経済8月号』日本貿易振興機構，2～15頁。
石田暁恵（2008）「WTO加盟後の国有企業」坂田正三編『変容するベトナム経済と経済主体』調査研究報告書，日本貿易振興機構アジア経済研究所，19～53頁。
石田雅之（1996）「アジア工程間分業におけるベトナムの位置づけ」竹内郁雄・村野勉編『ベトナムの市場経済化と経済開発』アジア経済研究所，105～142頁。
トラン・ヴァン・トゥ（1996）『ベトナム経済の新展開』日本経済新聞社。
日本貿易振興機構（2015a）『世界貿易動向分析報告書（2015年）』。
日本貿易振興機構（2015b）『2015年アジア・オセアニア日系企業実態調査』。
ベトナム情報通信省（2015）"Viet Nam Information and Communication Technology White Book 2014"

(参照Web)
国際協力機構　　　　http://www.jica.go.jp/topics/news/2014/20150326_03.html
ベトナム情報通信省　http://mic.gov.vn/
ベトナム統計総局　　http://www.gso.gov.vn/

（池部　亮・小林恵介）

第 8 章

ベトナムと中国の経済関係の緊密化
― 深まる二国間生産ネットワーク ―

第1節　はじめに

　2014年5月，西沙諸島領有権問題に端を発し，ベトナムで大規模な反中デモが勃発し，その一部が暴徒化した。中国による同海域での海底油田試掘に反発するベトナムとの間で対立が先鋭化したのである。ベトナム国内では反中デモが各地で吹き荒れ，中国や台湾企業がその標的となり，なかには日本企業の一部も投石などの被害にあったと伝えられる（『日本経済新聞』2014年5月15日）。有史以来ベトナムは千年もの間，北属期と呼ばれる中国の属領時代を過ごした。また，民族独自の王朝を樹立した後も冊封による従属的な対中関係を結ぶことで独立を維持してきた。そして，強大な王朝が中国に成立するたびにベトナムは中国の南進圧力に押され，それに抵抗する歴史を積み重ねてきた。ベトナムにとって北の大国である中国とどう向き合い，対処するかという「非対称性の管理」（白石・ハウ（2012），64～66頁）が安全保障上も重要なテーマでありつづけている。

　1990年代中ごろからベトナムは外国投資の受け入れを本格化させ，日本企業の多くもこの時期から対越投資を拡大させてきた。1996年のハノイとホーチミン市の日本商工会会員企業数は合計231社だったが，2015年には1,382社へと約6倍に拡大した[1]。そして，電気電子機器を中心とした輸出加工型企業の進出が増加したことも影響し，近年では中国からの部品，原材料の輸入が増

---

[1]　各地日本商工会ウェブサイトより。ハノイ（96年：92社→15年8月：617社），ホーチミン市（96年：139社→15年4月：765社）。

加しつつある（池部（2013），165～167頁）。先の反中デモで中国人に多数の死傷者が出たことから，中国の対越報復がどのような形で行われるのかも注目された。デモが鎮静化して間もない6月，ベトナムが外務次官を特使として中国に送り事態を収拾したことで，中国のベトナムに対する目立った報復措置は起こらなかった。しかし，中国とベトナムの間には工業製品の密接な分業構造が築かれており，例えば両国間の物流が寸断するといった事態になれば，日本企業の生産に大きな影響を与えることになるであろう。実際，ベトナム進出日系企業の間でこの物流寸断のリスクがあらためて認識された（『日本経済新聞』2014年6月3日）。こうした生産ネットワーク分断のリスクは中越間に限った事ではない。東日本大震災やタイの洪水による生産停止の影響が世界の自動車生産のサプライチェーンの一部を途絶させたことは記憶に新しい。今やグローバルに展開される国際分業構造において，一国の生産停止はその他の国の生産にも大きく波及することになる。

　東アジア諸国・地域は外国投資企業をはじめとする製造業の生産立地が進み，素材や部品の相互調達や組立の分業により，広範な生産ネットワークが築かれてきた。本章が主題とする中国とベトナムの国際分業構造に目を向けると，携帯電話やプリンター，集積回路といった製品群において両国間の分業が活発化しつつある。

　本章は，ベトナムの対中国貿易依存度が高まるなか，両国間の国際分業構造がどのように変化してきたかを検証する。第1節では2000年以降の中越の貿易構造変化を概観し，輸出と輸入の双方で中国への依存度が上昇し，その背景に電気機械類を中心とした国際分業構造があることを確認する。第2節では国際的に生産分業が行われている品目（電気機械，一般機械，繊維製品，輸送機械）を取り上げ，品目ごとに対中貿易特化係数による考察を行い，両国間の国際分業構造の特徴と変化を検証する。最後に第3節でベトナムの工業化の展望と課題を提示したい。

第2節　中国とベトナムの貿易構造の変化

1. ベトナムを取り巻く貿易環境の変遷

　ベトナムは1980年代後半，旧社会主義諸国の相つぐ崩壊に直面し，主要な貿易相手国を次々と失う危機に立たされた。1986年のベトナム共産党第6回党大会で，ベトナム版改革開放路線である「ドイモイ（刷新）政策」が提起され，1990年代初頭から改革が本格化したのも，このような世界情勢が背景にあったためである。

　1979年に勃発した中国とベトナムによる中越紛争を経て両国関係は途絶していたが，1991年11月には関係を正常化した。経済交流を再開した後，共産党一党独裁という共通した政治体制を持つ両国が，それぞれ対外開放政策を進め，順調な経済発展を遂げていく。ベトナム軍がカンボジアから完全撤退（1989年）したことで，四面楚歌の状態にあった外交面でも多様な国々との関係回復を可能にした。ベトナムは全方位外交を掲げ，中国との関係正常化を皮切りに，ASEAN加盟（1995年），米国との国交樹立（1995年），APEC加盟（1998年），米国との通商協定発効（2001年），WTO加盟（2007年）など，つぎつぎと国際関係を正常化していった。これにより，ベトナムは自由貿易世界への仲間入りを果たし，ようやく正常な国際通商関係を獲得することができた。また，投資家の視点からは，WTO加盟を契機に世界標準の経済環境を獲得したことによって，輸出生産拠点の立地先としてベトナムが注目されるようになり対内直接投資が拡大した。さらに2010年3月には環太平洋経済連携（TPP）協定への交渉に参加するなど，自由貿易への果敢な取り組み姿勢をみせている。TPP協定は，2010年3月にP4協定（環太平洋戦略的経済連携協定）参加の4カ国（シンガポール，ニュージーランド，チリ，ブルネイ）に米国，豪州，ペルー，ベトナムが加わり，計8カ国で交渉が開始され，マレーシア，メキシコ，カナダ，日本もその後交渉に参加し計12カ国となった[2]。2015年

---

(2)　日本外務省ウェブサイト（2015年9月27日確認）。

10月にはTPP協定が大筋合意され2016年2月にはニュージーランドで加盟12カ国による署名式が行なわれた（『日本経済新聞』2015年10月6日，2016年2月4日）。

　既述のとおり，1990年代中ごろになると，本格的な対外開放を進めるベトナムに外国投資企業の進出が相ついだ。1990年代後半にはアジア通貨危機による停滞期があったものの，ベトナムは順調に輸出生産を担う外国投資企業の誘致を行ってきた。本章では主に2000年以降の両国の貿易構造の変化に焦点をあて論考を進めていく。

2. 対中貿易の再開と依存度の高まり

　1991年11月に中越両国は関係正常化を宣言し正式な政治経済交流が再開されたが，国境住民同士による小規模な貿易は1989年には既に再開されていたとされる（池部（2010），336頁）。中越両国の経済交流が開始された1991年には3,220万ドルだった中越貿易額は，2000年には29億3,753万ドルへと拡大した。表8-1はベトナムの国・地域別の貿易額推移を示す。2014年には585億7,589万ドルへと2000年比で約20倍に拡大した。同期間のベトナムの貿易額の拡大幅は9.9倍，中国の対外貿易額の拡大幅は9.1倍であり，ベトナムと中国との間の貿易関係の緊密化はその2倍超のスピードで進展した。また，2014年のベトナムの貿易額に占める中国は，輸入で1位（シェアは29.5％），輸出先では米国につぐ2位（同9.9％）であり，中国はベトナムにとって輸出入総額の19.7％を占める最大の貿易相手国となった。

　表8-1で輸出構造をみると，2000年には日本が17.8％と最大の輸出先であったが，2001年末の米越通商協定の発効を受け米国向けの輸出シェアが高まり，日本向け輸出シェアは低下した。2014年のシェア上位国は，米国（19.1％），中国（9.9％），日本（9.8％）の順である。経済発展著しい中国は日本向けシェアとほぼ同率であるが，ベトナムから香港向け輸出のうち再輸出先の多くが中国向けであることを考えると，中国向けの輸出比率はもう少し大きな規模となる。表には記載しないが，有料オンライン貿易データベースのGlobal Trade

表8-1 ベトナムの国・地域別貿易推移

(1)輸出 (単位:100万ドル, %)

	2000		2005		2010		2014	
	金額	構成比	金額	構成比	金額	構成比	金額	構成比
世界	14,482.7	100.0	32,447.1	100.0	114,529.2	100.0	150,217.1	100.0
米国	733.0	5.1	5,927.4	18.3	19,680.9	17.2	28,649.8	19.1
中国	1,536.4	10.6	3,246.4	10.0	12,836.0	11.2	14,928.3	9.9
日本	2,575.2	17.8	4,340.3	13.4	13,064.5	11.4	14,674.9	9.8
韓国	352.6	2.4	663.6	2.0	5,580.9	4.9	7,167.5	4.8
香港	315.9	2.2	353.1	1.1	3,705.4	3.2	5,264.7	3.5
ドイツ	730.3	5.0	1,085.5	3.3	4,094.9	3.6	5,174.9	3.4
アラブ首長国連邦	23.8	0.2	121.5	0.4	2,078.3	1.8	4,627.0	3.1
オーストラリア	1,272.5	8.8	2,722.6	8.4	3,208.7	2.8	3,988.2	2.7
マレーシア	413.9	2.9	1,028.3	3.2	4,500.3	3.9	3,926.4	2.6
オランダ	391.0	2.7	659.2	2.0	2,476.2	2.2	3,762.2	2.5

(2)輸入 (単位:100万ドル, %)

	2000		2005		2010		2014	
	金額	構成比	金額	構成比	金額	構成比	金額	構成比
世界	15,636.5	100.0	36,761.1	100.0	84,838.6	100.0	147,839.0	100.0
中国	1,401.1	9.0	5,899.7	16.0	20,203.6	23.8	43,647.6	29.5
韓国	1,753.6	11.2	3,594.1	9.8	9,757.6	11.5	21,728.5	14.7
日本	2,300.9	14.7	4,074.1	11.1	9,016.1	10.6	12,857.0	8.7
台湾	1,879.7	12.0	4,304.2	11.7	6,976.9	8.2	11,063.6	7.5
タイ	810.9	5.2	2,374.1	6.5	5,602.3	6.6	7,053.3	4.8
シンガポール	2,694.3	17.2	4,482.3	12.2	4,101.1	4.8	6,834.7	4.6
米国	363.9	2.3	865.3	2.4	3,779.8	4.5	6,286.3	4.3
マレーシア	388.9	2.5	1,256.5	3.4	3,413.4	4.0	4,203.6	2.8
インド	178.4	1.1	596.0	1.6	1,762.0	2.1	3,111.0	2.1
ドイツ	295.1	1.9	661.9	1.8	1,742.4	2.1	2,606.6	1.8

(出所) Global Trade Atlas より筆者作成。

Atlas（以下GTAとする）で2014年のベトナムの輸出内訳を国および品目別に確認すると，米国向けは衣類（ニット，非ニット素材の合計）（34.1％），履物（11.7％），家具類（8.0％）で，中国向けは電気機械（17.9％），鉱物性燃料（11.5％），綿・綿織物（7.9％）が主要品目である。また，日本向けは，電気機械（18.2％），衣類（16.3％），鉱物性燃料（11.0％）が上位品目であった。

つぎに輸入をみると，シェア上位国は中国（29.5％），韓国（14.7％），日本（8.7％）であった。2000年以降のシェアの増加が顕著なのは中国で，日本，台湾，シンガポールはシェアを大幅に低下させた。ベトナムの対中輸入をみると，電気機械（31.6％）が最大の品目で，つづいて一般機械（14.0％），鉄鋼（9.3％）が上位品目となった。韓国からは，電気機械（36.8％），一般機械

(9.7％), プラスチック (9.4％) で, 日本からは電気機械 (22.0％), 一般機械 (21.4％), 鉄鋼 (13.5％) が主な輸入品目であった。

3. ASEAN諸国と比較したベトナムの中国依存度

　図8-1はASEAN主要国の対中輸入依存度の推移を示す。ASEANのすべての国で対中輸入依存度が上昇しているが, 中でもベトナムの対中輸入依存度は2000年の9.0％から2014年には29.5％にまで上昇した。カンボジアの対中輸入依存度はさらに急激な勢いで上昇をみせている。また, これ以外のASEAN主要国もインドネシア, マレーシア, タイ, フィリピン, シンガポールは2000年には2.3％から6.0％の水準にあったが, 2014年には12.1％から17.2％の水準にまで上昇した。

　一方, 図8-2でASEAN各国の対中輸入結合度をみてみよう。輸入結合度は各国それぞれの対中国輸入シェアを世界の輸入総額に占める対中輸入シェアで除した数値で, いうなれば貿易依存度を世界標準値で相対化したものである。数値が1.0を上回れば世界平均以上に緊密な関係があり, 2.0であれば世界平均と比べ2倍の緊密さということになる。図8-2をみると, すべてのASEAN主要国で1.0を上回り, 対中輸入が緊密であることがわかる。中でもベトナムの対中輸入結合度は2014年時点で, 2.5, カンボジアは2013年時点で2.8と緊密な対中輸入構造をもっていることがわかる。カンボジアは2011年以降対中輸入結合度が顕著に上昇し, ベトナムは2000年以降2.2から2.7の高水準な範囲で推移してきた。また, インドネシア, タイ, シンガポールの2014年の対中輸入結合度は2000年比で微減し, フィリピンとマレーシアは2000年比で上昇した。

　このように, ASEAN主要国と比較した場合もベトナムの対中輸入依存は顕著であった。ベトナムは中国と物理的な距離が近く, 外国投資企業の生産拡大が中国からの部品, 材料の輸入増加を引き起こしていると考えられる。

図8-1　ASEAN各国の対中輸入依存度推移（%）

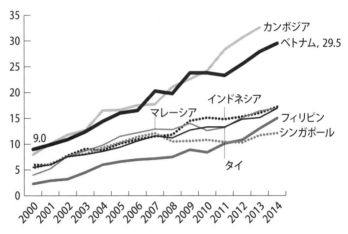

注：カンボジアのみ2013年までの数値。
（出所）表8-1に同じ。

図8-2　ASEAN各国の対中輸入結合度の推移

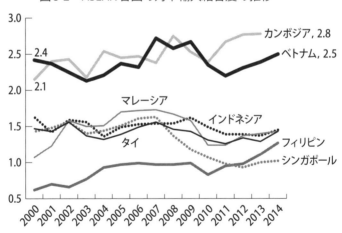

注：カンボジアのみ2013年までの数値。
（出所）Global Trade Atlas および日本貿易振興機構（2015a）より筆者作成。

4. 中越貿易の品目構成の変化

　ベトナムと中国の貿易構造は，従来からの一次産品と工業製品の貿易という構造から，工業製品同士の水平的な分業構造へと転換しつつある。表8-2はベトナムと中国の貿易構造を2000年以降の品目別シェアの推移で確認したものである。なお，表8-2で中国とベトナム両国の輸入統計を使用したのは中継貿易地である香港を除外するためである。つまり，保税倉庫としての機能をもつ香港向け輸出は，香港から様々な国に再輸出されており，輸出仕向け地ベースの統計だけでは中越間の貿易実態はつかめない。このため，原産国ベースで統計データに反映される両国の輸入統計でベトナムと中国の貿易額を確認した。

　表8-2によると，中国の対ベトナム輸入構造は，2000年には鉱物性燃料が79.1％と最大であったが，その後，シェアを大幅に伸ばした電気機械に逆転された。2014年の輸入シェアは電気機械（41.5％），鉱物性燃料（8.4％），綿・綿織物（6.4％），一般機械（5.6％）となり，一次産品の輸入から工業製品の輸入へと主要品目が転換してきた。また，ベトナムの対中輸入でも，2000年にはオートバイ組み立て用部品などの輸送機械（30.5％）が最大で，鉱物性燃料（9.8％），一般機械（9.7％）の順だったが，2014年には電気機械（31.6％），一般機械（14.0％），鉄鋼（9.3％）となり，一般機械などの資本財や鉄鋼などの素材（加工品）を中心とした工業製品が主要品目を占めるようになった。

　これまで中越貿易構造は「中国がベトナムから買うモノは農水産品や鉱物性資源などの一次産品で，中国がベトナムに売るモノは一般機械や電気機械などの工業製品」という垂直的な貿易構造がつづいてきた。2000年の中国の対越輸入品目は，鉱物性燃料とゴムのほか，表に示していないが，有機化学品（2.3％），動植物性油脂（1.7％）などであったが，2014年にはこれら品目は相対的にシェアを低下させ，電気機械や一般機械といった工業製品がシェアを拡大した。

　2014年の中国の対ベトナム輸入規模を2000年と比較すると，電気機械は962.1倍，綿・綿織物は879.1倍，一般機械は295.6倍に拡大した。同期間，中国の対越輸入額は21.4倍に拡大したことと比べ，これら3品目の増勢が顕著

表8-2　中国とベトナムの品目別貿易構造

(1)中国の対ベトナム輸入　　　　　　　　　　　　　　　　　　　　　(単位:100万USドル、%)

HSコード	品目	2000 金額	2000 構成比	2005 金額	2005 構成比	2010 金額	2010 構成比	2014 金額	2014 構成比
	合計	929.1	100.0	2,551.9	100.0	6,980.3	100.0	19,905.2	100.0
85	電気機械	8.6	0.9	102.8	4.0	1,164.9	16.7	8,258.3	41.5
27	鉱物性燃料	734.7	79.1	1,663.5	65.2	1,778.0	25.5	1,678.3	8.4
52	綿・綿織物	1.5	0.2	8.3	0.3	337.5	4.8	1,281.7	6.4
84	一般機械	3.8	0.4	53.2	2.1	639.6	9.2	1,114.5	5.6
44	木材	4.5	0.5	71.7	2.8	403.4	5.8	1,055.6	5.3
8	果実類	12.2	1.3	58.1	2.3	317.7	4.6	763.2	3.8
64	履物	3.1	0.3	44.6	1.7	216.6	3.1	669.4	3.4
10	穀物	0.0	0.0	8.2	0.3	22.3	0.3	626.2	3.1
40	ゴム	51.5	5.5	169.2	6.6	526.1	7.5	545.7	2.7
07	野菜類	3.3	0.4	50.7	2.0	210.6	3.0	341.9	1.7

(2)ベトナムの対中輸入　　　　　　　　　　　　　　　　　　　　　(単位:100万USドル、%)

HSコード	品目	2000 金額	2000 構成比	2005 金額	2005 構成比	2010 金額	2010 構成比	2014 金額	2014 構成比
	合計	1,401.1	100.0	5,899.7	100.0	20,203.6	100.0	43,647.6	100.0
85	電気機械	38.8	2.8	428.7	7.3	3,926.0	19.4	13,783.3	31.6
84	一般機械	136.1	9.7	708.0	12.0	3,663.6	18.1	6,115.0	14.0
72	鉄鋼	75.1	5.4	739.4	12.5	1,561.7	7.7	4,069.2	9.3
27	鉱物性燃料	137.3	9.8	938.5	15.9	1,740.8	8.6	2,168.9	5.0
39	プラスチック	10.3	0.7	120.3	2.0	608.8	3.0	1,473.8	3.4
60	織物	1.5	0.1	100.3	1.7	573.4	2.8	1,428.5	3.3
55	人造繊維	36.1	2.6	327.6	5.6	645.7	3.2	1,322.6	3.0
52	綿・綿織物	12.4	0.9	131.2	2.2	636.2	3.1	1,073.4	2.5
73	鉄鋼製品	26.3	1.9	122.2	2.1	555.0	2.7	1,020.3	2.3
87	輸送機械	427.4	30.5	177.0	3.0	376.8	1.9	926.5	2.1

(出所)表8-1に同じ。

であることがわかる。同様にベトナムの対中輸入をみても，全体の拡大幅が31.2倍であることに比べ，電気機械は355.4倍，一般機械は44.9倍，織物は927.6倍であった。これら機械関係と繊維原料が中越貿易構造のなかで2000年以降とくに増加した品目である。また，綿織物や電気機械と一般機械において中越両国は同一品目内で双方向の貿易が増加しており，これら品目の産業内分業が緊密化している可能性を示唆している。

5. 小括

　既述のとおり，ベトナムでは政治的，歴史的な背景もあり，一般的な国民感情のなかで中国への警戒感が根強い。しかし，実体経済をみれば他のASEAN諸国と比較してもベトナムは中国への貿易依存を顕著に高めていた。ASEAN

各国で対中輸入結合度にばらつきがみられるが，ベトナムはカンボジアと並んで世界の一般的な対中輸入依存度よりも2.5倍緊密であることが分かった。中越両国の貿易額の拡大は，中国からベトナムへ工業製品が輸出され，ベトナムから中国へ原油，農水産物といった一次産品が主に輸出される構造がつづいてきた。しかし，このような伝統的な中越貿易構造に2010年以降から変化の兆しがみえはじめた。それは，チャイナ・プラス・ワンに代表される外国投資のベトナムへの生産立地の進展により，電気機械や一般機械，繊維製品といった工業製品の両国間の生産ネットワークが形成されつつあることが最大の要因であろう。

　ベトナムは外国投資企業の生産立地によって輸出牽引型の経済成長を遂げてきた。この工業化の進展で世界向けの輸出生産が増加するに伴い，中国からの材料や部品の供給も拡大するといった構図があると考えられ，次節でその構造を検証していく。

第3節　中越間の国際分業構造

1. チャイナ・プラス・ワンの背景

　前節で確認したとおり，ベトナムの対中貿易構造は2000年以降大きく変化した。この背景にあるのは，電気機械や一般機械といった工業製品の生産ネットワークにベトナムが参加するようになったことがあると考えていいだろう。この電気機械と一般機械はHSコードによる分類でHS84とHS85に該当する品目である。HSコードとはHarmonized Commodity Description and Coding Systemの略称で，国際貿易商品の名称および分類を世界的に統一するためにつくられたコードである。分類は第01類から第99類から成り，例えば，電気機械はHS85で分類され，集積回路や携帯電話，テレビ受像機や音響映像機器，ワイヤーハーネスといった小型電気機械の部品や最終財が多く含まれる。また，一般機械はHS84で分類されており，工作機械や土木建機などのほか，コンピュータやコンピュータ周辺機器，プリンターなどが含まれる。これら品目

はまさに輸出産業として国際分業構造が広範化しつつあるIT関連製品が大半を占めると考えていいだろう。

　グローバル化する世界経済の中で，とりわけ東アジア諸国・地域（日本，中国，韓国，台湾，香港，マカオ，ASEAN10カ国の計16カ国・地域）がIT関連機器の生産立地で活発な国際分業地域となっている。表8-3は主要国・地域の2000年以降のIT関連製品の輸出シェアの推移を示す。これによると，2000年のIT関連製品の世界輸出額は1兆2,289億ドルだったが，2014年には2.1倍の2兆5,262億ドルに拡大した。中国が占める割合は同期間4.1％から26.5％へと拡大し，ベトナムも0.07％から1.63％へと上昇した。とくにベトナムは2010年時点では0.27％であったことから，近年に急速なシェアの上昇がみられる。東アジア諸国・地域は2000年の46.8％から2014年には64.8％に達しており，東アジア地域が世界のIT関連製品の輸出センターとして存在感を高めている。日本や台湾，ASEAN10カ国がシェアを低下させるなか，中国やベトナム，韓国がシェアを伸ばしている。

　このように，IT関連製品の生産は東アジア地域で広範かつ重層な生産ネットワークが形成され，企業集積の多様性と厚みを増しながら高い成長をつづけてきた。中でも「世界の工場」と称される中国はこうしたIT関連製品の一大集積地を形成するに至った。

　東アジアの国際分業で中核的な役割を担う中国は，2000年代の中ごろから賃金上昇などに伴い，従前の労働集約的生産による輸出拡大に行き詰まりをみせはじめた。産業高度化が喫緊の課題となり，生産企業は労働集約的な工程や低付加価値工程を外延化，あるいは他国へ分散する二次展開を活発化させつつある。とくにIT関連製品は最終的には全量輸出される製品であり，最終工程は組立などの労働集約的な工程を多く含む。このため中国から地理的に近く，かつ生産要素では低廉な労働力の賦存比率が高いベトナムへと移転，移管，分散の動きが活発化してきたのである（池部（2014），187頁）。

　中国の生産現場では，2000年代中ごろから労働者の賃金上昇（社会保険の雇用主負担増も含む）に加え，労働者不足といった事業環境の悪化が顕在化し

てきた。とりわけIT関連製品の製造に携わる輸出加工型企業は，高度化転換あるいは生産性向上など効率化の必要性に直面している。企業は生産品目の高品位機種への切り替えや，労働集約的工程を中国内陸部へ分散・移転する動きをみせている（池部（2013），164頁）。

　しかし，「チャイナ・プラス・ワン」の企業行動によって，どれほどの日系企業が中国の生産拠点を閉鎖し，移転なり分散立地したかは明らかではない。なぜなら，中国工場を閉鎖して他地域へ移転するという完全シフトの動きはほとんどみられず，生産シェアの見直しなど中国依存度を引き下げる対応が主流だからである。企業は中国生産比率を減らし，東南アジアに立地する自社工場の生産比率を増加させるといった対応をとっている（あるいはとろうとしている）のである。

　さらに，中国と同様に賃金が上昇したタイについても，生産立地の周辺国への二次展開がみられる。いわゆるタイ・プラス・ワンの動きであるが，事例を検証すると労働集約的な工程をタイから切り離してラオスやカンボジアへ移転する，フラグメンテーション（工程間分業）が主流となっている（池部（2014），196～198頁）。

　日本貿易振興機構（2015b）によると，日本の製造原価を100とした場合の各国の製造原価は，タイが81.7で，中国は81.9となった。中国からの二次展開先として選好されるベトナムの製造原価は73.0であり，中国やタイからの二次展開によるコストダウン効果が一定程度見込まれる状況にある。ただし，輸出製品の場合，これに輸送費が加算されるため，中国よりも世界市場への輸送費が割高となるベトナム生産品は末端価格でみた場合，二次展開によるコスト・メリットは思ったほど大きくないかもしれない。

　では，なぜ日本企業はチャイナ・プラス・ワン投資先としてベトナムへの二次展開を志向するのであろうか。その理由として「（ベトナムへの二次展開は）中国生産になんらかの異常事態が発生した場合に補完する役割をもった生産拠点であることから，中国に依存せず，中国と相互補完体制も必要最低限にとどめつつ，それぞれが独立した拠点として運営することが二次展開の動機の中で

表8-3 東アジア主要国のIT関連製品輸出シェアの推移

国名	2000	2005	2010	2014
世界	1,228,891	1,669,450	2,192,228	2,526,206
東アジア諸国/地域	46.8	54.6	61.2	64.8
日本	11.5	8.0	6.5	4.3
中国	4.1	14.8	22.7	26.5
香港	4.9	7.8	9.3	10.9
韓国	5.0	5.4	5.1	5.2
台湾	5.5	4.1	4.5	4.6
ASEAN(10)	15.7	14.4	13.2	13.3
ベトナム	0.1	0.1	0.3	1.6

注：東アジア諸国・地域は，日本，中国，韓国，香港，マカオ，台湾，ASEAN10カ国。
(出所) 日本貿易振興機構 (2015a)『2015年度世界貿易動向分析報告書』より筆者作成。

強く意識されている」(池部 (2013), 163頁) と考えられる。つまり，品目や規模で差はあるものの，基本的には中国生産拠点の工程間分業 (垂直的分業) ではなく，同じ製品を中国とベトナムの双方で生産するといった水平的分業に近く，一極集中リスクを含めた様々な中国リスクを意識した分散を志向しているのである。

2. 業種別の生産ネットワーク構造

前節でみたとおり，ベトナムの貿易構造は対中依存度を高め，2014年には輸出の9.9％，輸入の29.5％にまでシェアを拡大してきた。ここでは2000年以降のベトナムの中国依存度の高まりに注目し，繊維製品，電気機械，一般機械，輸送機械といった国際分業品目の両国間の貿易構造を検証し，後方連関効果による部品分野への工業化 (輸出競争力向上) の波及が確認できるか考察を進めていく。後方連関効果とは，ドイツ出身の経済学者Hirschman (1958) が提示した概念で，投入物供給効果，派生需要効果とも呼ばれる。「第一次産業以外のあらゆる経済活動が，自己の活動に必要な投入物を国内生産によって供給しようとする努力を誘発すること」とされる。需要拡大が川上産業の生産を拡大させる効果のことをいい，逆に川下産業の発展が促される場合を前方連関効果という。

図8-3は本節で取り上げる繊維製品，電気機械，一般機械，輸送機械などの国際分業品目について，ベトナムの対中貿易特化係数の推移を示す。貿易特化係数は当該国の当該財について，（輸出−輸入）／（輸出＋輸入）でもとめられる値で，国際競争力を示す指標のひとつとして頻用される。貿易特化係数は−1から1の値をとり，−1は輸入特化（輸出がまったくない），1は輸出特化（輸入がまったくない）の状態を示し，ゼロは輸出入が均衡状態（あるいは貿易がまったく行われていない状態）を示す。

また，本章では国際分業品目に注目して考察を行うことから，電気機械，一般機械，繊維製品（原材料としてHS52, 55, 60，製品としてHS61, 62），輸送機械（HS87）を取り上げ検証する。以下，これら4業種について詳述するが，各業種で貿易額の大きい詳細品目について，最終財と部品とに分けて貿易特化係数を計測し，ベトナムのこれら国際分業品目の競争力の変化を確認していく。また，香港やシンガポールなどの中継貿易を除外するために，貿易特化係数の算出にあたってはベトナムの対中輸出額を中国の対ベトナム輸入額で代用した。

図8-3が示すとおり，ベトナムの対中輸出競争力は貿易総額ベースでみると−0.37と貿易収支は赤字となっている。品目別にみると衣類を除きいずれの品目もマイナス圏にある。これら品目が中国に対して売り負けている状態を示している。次項でそれぞれの品目について詳細を検証していこう。

① 電気機械

ベトナムの対中国輸出で最大の品目となった電気機械の詳細をGTAで確認すると，集積回路（37.4％），映像機器類（21.6％），通信機器（10.1％）が主要品目である。また，ベトナムの対中輸入では，通信機器（49.9％），集積回路（7.4％），映像機器類（5.0％）である。集積回路も映像機器類もエレクトロニクス製品の中間投入財あるいは部分品である。なお，映像機器のうちベトナムの対中輸出の100％，対中輸入の99.6％とほぼ全量をカメラモジュール（HS852580）が占める。また，通信機器も中身を確認すると，対中輸出の

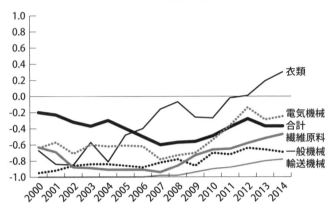

図8-3　ベトナムの対中貿易特化係数（主要品目）

（出所）Global Trade Atlas（GTA）より筆者作成。

96.6％，対中輸入の76.9％が携帯電話の部品（HS851770）であった。両国間の電気機械の国際分業構造は中間財の相互補完によって急拡大してきたのである。図8-3が示すようにベトナムの電気機械の対中貿易特化係数は2000年代後半から急上昇している。

図8-4はベトナムの電気機械のなかでも対中貿易額の大きい集積回路，ワイヤーハーネス，カメラモジュール，携帯電話の部品の貿易特化係数の推移を示す。関税コードの変更があったため，携帯電話と同部品は2008年以降の数値を算出した。携帯電話の最終財（HS851712）はベトナムにとって最大の輸出品であるものの，中国へはほとんど輸出されていない。このため貿易特化係数は-1に近い輸入特化の水準にある。また，携帯電話の生産に必要な部品の多くを中国からの輸入に依存するため，携帯電話の部品（HS851770）は2009年から急低下し，2012年には輸入特化に近い-0.9となった後，2014年には-0.7にまで回復した。

集積回路は2008年以降急上昇し，2013年から低下した。ベトナムの南部で米系インテルが集積回路の後工程工場を構え輸出を拡大したことが背景となる。また，近年の貿易特化係数の一時的な低下は，タブレット型PCやスマー

図8-4 ベトナムの対中貿易特化係数（通信機器，ワイヤーハーネス，集積回路）

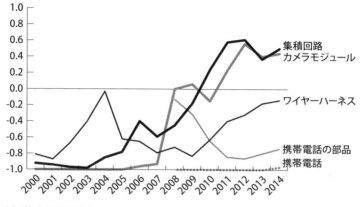

（出所）図8-3に同じ。

トフォンなどの新機種に搭載するCPUなどの輸入が拡大したものと考えられる。一方，GTAで集積回路の双方向貿易の単価を確認すると，ベトナムからの輸出品の方が中国からの輸入品よりも高額なものが多い。例えば，プロセッサーで32.7倍，増幅器で9.0倍，その他集積回路が14.8倍であり，記憶素子の0.6倍を除くとベトナムの輸出単価が中国からの輸入単価を大幅に上回る。2007年時点ではベトナムの単価が上回る製品は増幅器（1.9倍）だけだったことから，近年の集積回路生産企業の集積でベトナムにより高度な輸出工場が立地し，最終製品輸出企業が集積する中国向け輸出が増加していると考えられる。

また，ワイヤーハーネスは2004年にかけて一時期急上昇したが，その後低迷し，2010年から再び上昇基調にある。2004年当時の両国のワイヤーハーネス貿易額は1,931万ドルに過ぎないが，その後，双方とも主に電力用あるいは通信用の接続子付のケーブルの分業が盛んとなり，2014年の貿易額は6億2,578万ドルに拡大した。なお，両国のワイヤーハーネス国際分業では，自動車用などのワイヤーハーネスは少なく，電力用・通信用のケーブルにほぼ特化した状態にある。

② 一般機械

　一般機械はベトナム輸出の5.9％，輸入の11.5％を占める主要品目である。一般機械の輸入先としては中国が，2000年の7.3％から2014年には35.7％へと拡大した一方，輸出先としての中国は8.1％と，米国（23.6％）につぐ2位となっている。対中輸入の主な品目は，コンピュータ（12.9％），コンピュータ部品（9.1％），ボイラー類（4.7％），プリンター（4.5％）であり，対中輸出はプリンター（69.0％），コンピュータ（5.7％），コンピュータ部品（4.1％）などであった。ベトナムと中国との間でコンピュータとその部品，プリンターとその部品の産業内水平分業が活発化していることを示唆している。

　図8-5でコンピュータとプリンターの貿易特化係数を確認する。コンピュータ（HS8471）の貿易特化係数が上昇するとコンピュータ部品（HS8473）が低下する傾向を示す。つまり，コンピュータ輸出のためにコンピュータ部品の多くを輸入している構造である。また，プリンターは最終財（HS844331およびHS844332）[3]が0.6付近を維持しながら，プリンターの部品（HS844399）

図8-5　ベトナムの対中貿易特化係数（コンピューター，プリンター）

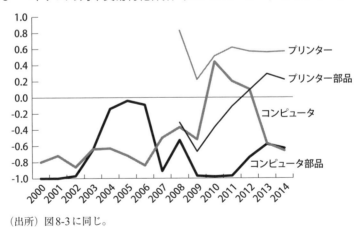

（出所）図8-3に同じ。

---

[3] プリンターの最終財は，コンピュータやネットワークに接続して使用するFAX，コピー，スキャナー，印刷機能などをもつもので，レーザープリンター，インクジェットプリンターを含む。

が急上昇しており，中国のプリンター生産向けの部品供給をベトナムが担いはじめている状況にあると考えられよう。

このように，コンピュータでは最終財の輸出増が部品の競争力を低下させるが，プリンターは最終製品の好調な輸出が部品生産の後方連関効果を誘発し部品類の輸出競争力が上昇していると考えられる。

③ 輸送機械

図8-3でも示したとおり，ベトナムと中国の間の国際分業品目のなかで輸送機械はベトナムの競争力が最も低い品目である。図8-6は輸送機械のうち，乗用車（HS8703）と同部品（HS8708），オートバイ（HS8711）と同部品（HS8714）の貿易特化係数推移をみたものである。いずれの品目もほぼ輸入特化の状況にあるが，唯一自動車部品は2009年から緩やかに上昇しはじめた。

ベトナムの対中輸出品は，自動車部品（94.4％）がほぼ全量を占め，ついでオートバイの部品（2.1％）であった。一方，対中輸入品はトラック（30.4％），トラクター（26.3％），自動車部品（18.3％），オートバイの部品（6.0％）であった。

図8-6　ベトナムの対中貿易特化係数（輸送機械）

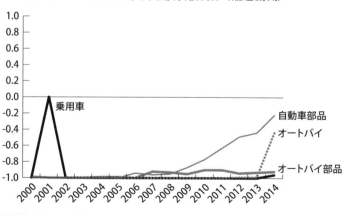

（出所）図8-3に同じ。

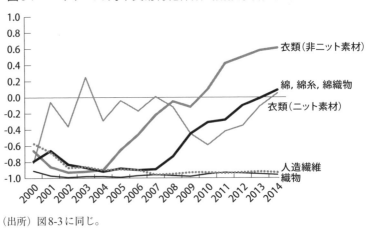

図8-7　ベトナムの対中貿易特化係数（繊維原料，衣類）

（出所）図8-3に同じ。

　ベトナムの対中輸出で大部分を占める自動車部品の内訳をみると，変速機（HS870840）が58.8％を占め最大で，その他部品（HS870899）が13.5％，車体用部品（HS870829）が13.4％であった。なお，2014年のベトナムの対中輸出は，輸送機械全体で前年比2.8倍となったが，最大シェアの自動車部品が2.8倍となったほか，オートバイが91.4倍，自転車が6.1倍に拡大した。

④　繊維製品

　図8-7はベトナムの繊維製品の対中貿易特化係数推移を示す。衣類（非ニット素材）の輸出競争力が2005年頃から急速に上昇し，原料となる綿・綿織物の貿易特化係数も2～3年遅れて上昇しはじめた。GTAで詳細を確認すると，輸出品としての衣類（非ニット素材）では，男性用オーバーコート類，女性用スーツ，男性用スーツなど，あらゆる品目の輸出が全般的に伸び，2009年比で16.2倍に拡大した。また，綿・綿織物輸出では綿糸（HS5205および5206）が98.3％と大部分を占める。

　一方，衣類（ニット素材）は，衣類（非ニット素材）よりも最終製品の輸出競争力は低いものの，2007年までは繊維製品で最も高い対中競争力を示した。

図8-8 ベトナムの対世界貿易特化係数（主要品目）

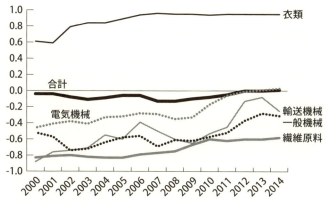

（出所）図8-3に同じ。

内訳をみるとTシャツ類（27.0％），ジャージーおよびセーター類（22.5％），女性用ジャケット・ズボン類（18.8％）が主要品目だった。

このように，ベトナムと中国の繊維製品の国際分業をみると，原料のうち綿糸は国内生産が増加したことで対中貿易特化係数を上昇させたが，人造繊維，ニット生地ともベトナムの現地生産は弱く，対中輸入特化の状況にある。

3. 対世界貿易構造との比較

これまでベトナムと中国との間の国際分業構造をみてきた。ここであらためてベトナムの対世界貿易構造と比較し，中国との間の分業構造を特徴づけたい。

図8-8は，図8-3で示した国際分業品目の対世界貿易特化係数の推移を示す。衣類は2000年代初頭も0.6を超える高い輸出競争力をもっていたが，2006年には0.9を超え，輸出特化状態に近い高い競争力を維持している。電気機械は携帯電話の輸出が増大しており，貿易特化係数も上昇傾向を辿り2013年に，はじめてプラス圏（貿易収支の黒字化）を達成した。

そのほかの品目は皆マイナス圏にあり，貿易収支は赤字であることを示して

いる。それでも輸送機械は近年オートバイの輸出がはじまったことなどにより2013年までは上昇基調にあった。資本財を多く含む一般機械でもコンピュータや印刷機械といったIT関連製品の輸出の増勢により貿易特化係数は上向きで推移してきた。最後に繊維原料については，旺盛な製品輸出に伴い原料輸入の圧力が高い様子がうかがえる。ただし，2005年まで-0.8付近で推移してきたが，2007年から2010年にかけて上昇し，2014年は-0.58にまで上昇してきた。これは，製品輸出の拡大が国内での原料生産を刺激し，輸出競争力のある一部原材料が現出したことを示唆している。

　ベトナムの国際分業を対世界と対中国とで比べた結果，最終財では印刷機械と衣類（非ニット素材）を除き，ベトナムの対中競争力は対世界よりも低かった。これは推測だが，最終製品については，中国の生産コスト上昇などにより，中国市場向けは中国で生産し，これまで中国から輸出していたものを中心に中国以外の国で生産する水平分業構造が強まっていることがあげられよう（ベトナム北部進出日系機械メーカーへの筆者ヒアリング（2013月12月26日）などによる）。こうした傾向を背景のひとつとして，携帯電話，オートバイ，衣類（ニット素材）などは最終製品の中国向け輸出が少ない可能性がある。また，最終財メーカーの生産戦略の一環として，中国工場と東南アジア工場との棲み分けを行っていることもあるだろう。例えばスマートフォンのベトナムからの輸出先をGTAで確認すると，2014年の中国向け輸出額は829万9,129ドルで，携帯電話の輸出額の0.04％を占めるに過ぎない。また，日本には10万5,096ドルしか輸出されていなかった。携帯電話の仕向け地としては，アラブ首長国連邦（16.9％），オーストリア（8.1％），米国（7.1％）などが大きく，サムスン電子の中国拠点とベトナム拠点との間で，輸出先市場の棲み分けが行われている。

　一方，部品や中間財については紙幅の関係で詳細な分析結果を記載できなかったが，集積回路と印刷機械の部品を除いて，対中競争力は対世界よりも低い結果となった。本章でみたように，ベトナムは中間投入財を中国から輸入して完成品を世界向けに輸出する構造であり，この構造においては中間財分野で

中国に対し高い競争力を示すことは難しいだろう。この点，対中競争力が高い集積回路と印刷機械の部品は，両国の川下産業（ユーザー企業）向けにそれぞれ特徴の異なる部品の活発な分業が行われていることがわかり，かつ集積回路については，部品単価もベトナムからの高いものが中国へ輸出されていた。

4．小活

　本節では，ベトナムと中国との国際分業構造の深化とその背景について分析を行った。携帯電話とコンピュータの最終財輸出に際し，ベトナムは中国からの部品輸入に強く依存した構造をもっており，いずれの品目も部品生産が強化される段階にまで工業化が波及していない状況が示された。また，ワイヤーハーネスでは，対世界輸出で好調に増加した自動車用ワイヤーハーネスではなく，中国向けには比較的小型の電源用ケーブルの輸出が増勢していた。このほか，輸送機械はほぼ全品目でベトナムの輸入特化状態にあったが，変速機などの部品やオートバイの対中輸出が増加基調にあった。

　本節で対中貿易構造を分析し，ベトナムが中国との間で後方連関効果を発揮している工業製品，つまり最終製品の輸出増によって部品の輸出を誘発したと考えられる品目は，プリンター部品と綿糸であった。

　また，ベトナムの工業製品で国際分業品目として取り上げた電気機械，一般機械，輸送機械，繊維製品では，原材料や部品が双方向に活発に貿易されていることもわかった。それは携帯電話の部品，プリンターの部品，ワイヤーハーネスや集積回路，綿・綿織物である。工業製品のほとんどの品目で中国からの輸入圧力に押されるベトナムであるが，ベトナムから中国への部品供給がこれら品目で増加しつつあることが確認できた。

　さらに，ベトナムの対中競争力を対世界競争力と比較した分析では，最終財メーカーの世界販売戦略の棲み分けにより，ベトナムが世界的に強い競争力をもつ携帯電話や衣類などで，対中競争力が必ずしも高くないことがわかった。また，部品などの中間財では，集積回路と印刷機械の部品で対中競争力が高いものの，その他部品では対中競争力が対世界よりも低い結果となった。これは

ベトナムと中国との間で，印刷機械の最終財および，集積回路を使った幅広いIT関連製品の最終財の水平的な分業があり，中間財の相互供給が活発に行われていることを示している。しかし，それ以外の部品の対中競争力が低い状況は，中国から部品供給を受け，最終財を生産するベトナムの産業構造を裏付ける結果といえよう。

第4節　ベトナムの工業化の展望

　本章ではベトナムの対中依存の高まりを確認した。繊維製品のほか電気機械や一般機械といったIT関連製品の国際分業の深化が背景であることを確認した。また，冒頭では中越の歴史的な関わりをみたが，ベトナムは有史以来，陸で接する中国の南進圧力への抵抗の歴史を繰り返しており，中国に対する国民感情は決して良好ではないことも事実である。2014年5月，ベトナムで発生した大規模な反中デモの暴徒化は，今後の同国の生産環境における新しいリスクを想起させる出来事でもあった。

　近年のチャイナ・プラス・ワンの動きにより，中国からベトナムへと生産拠点の移転，あるいは分散がみられるが，中国人技術者の駐在や中国で使い慣わした生産設備の移設，部品や原材料の中国依存など，ベトナムの生産活動において中国抜きには成立し得ない状況になりつつある。既述のとおり，チャイナ・プラス・ワンは中国リスクを意識した日本企業の二次展開の動きである。ベトナムに工場を移設しても，中国と完全に切り離した生産活動は現在のところ難しく，ベトナムと中国の生産ネットワークの緊密化は，両国間の物流が滞ればサプライチェーンが断絶するリスクも含んでいる。

　中国の労働賃金上昇が主たる背景となるチャイナ・プラス・ワンであるが，労働集約型産業から徐々に設備や技術集約型の産業へと移り変わることが，ベトナムの工業化の進展にとって必要となろう。まさに，後方連関効果による工業化の川上産業への波及がベトナムにとって中国と組む国際分業のメリットである。豊富で安価な労働力といった生産要素の比較優位差が，今後も中国とベ

トナムとの間に存在するならば，中国からの産業移転・分散の波はつづくであろう。

　ASEAN諸国の対中輸入依存が高まる中で，とりわけベトナムとカンボジアのそれは顕著だった。工業化の過程において，素材，加工品，部品といった原材料を中国から輸入する必要があり，新興国の対中輸入の拡大はある意味，外資系輸出産業誘致による工業化を目指す以上当然の結果といえる。繊維産業，プリンター産業では，川下産業となる最終財の生産拡大が，川中，川上の自国生産を促す後方連関効果を確認できた。衣類などの完成品輸出の増大が綿糸や綿織物の競争力を向上させ，プリンターでも完成品の輸出増が同部品の競争力を向上させたのである。こうした後方連関効果をもたらすためには川下工程の大規模な生産増が必要となる。ベトナムの対中輸入依存の高まりは，工業化の進展とともに徐々に輸入部品を国内生産に切り替えていけるか，つまり部品産業の内部化をどれだけ実現できるかが重要となる。

　本章の貿易特化係数の競争力推移で，輸出産業では印刷機械と繊維製品，輸入代替産業ではオートバイが後方連関効果による部品生産の競争力向上がみられた。一方，大規模輸出産業とはいえ，コンピュータや携帯電話では部品産業の顕著な競争力の上昇は確認できなかった。こうしたIT関連製品はモジュラー化が進んでおり，モジュールの生産は多種多様な部品を短時間で集配する立地優位性や輸送コストなどが重要な条件となる。また，モジュールを構成する個々の部品の多くは，素材加工を必要とする設備集約型の産業集積が必要となる。こうした周辺産業，類似産業の集積の厚みが応用力のある部品を短時間で生産し，調達し，組合せて機能部品化するモジュラー生産の鍵を握る。産業集積が中国ほどに発達していないベトナムでIT関連製品の工業化を進展させるには，組み立て中心の製品輸出だけでなく競争力のある部品レベルの産業集積が欠かせない。この点，既述のとおり，ベトナム北部へのサムスン系列を中心としたスマートフォン生産の部品企業の集積が進みつつあり，今後携帯電話生産でも後方連関効果が大きく前進する可能性を秘めている。一方，輸入代替型の産業については，自動車の完成車は輸入特化状態にあり，競争力は低いまま

推移していた。ただし，自動車部品は国内の川下生産に惹起された部品生産ではなく，自国最終財生産とのつながりをほとんどもたない輸出産業として競争力を高めつつあった。

　さて，ベトナムの国際分業品目の貿易構造からいくつかの課題が提示できよう。第一に好調な最終財の輸出増によって部品生産が競争力をもちはじめた産業のさらなる育成である。繰り返しになるが，ベトナムの繊維製品，印刷機械，オートバイの部品産業は，輸出競争力の高い有望産業といえよう。今回の貿易特化係数の計測では，同一のHSコード内の産業を対象としており，部品産業といっても完成品に近い一次部品メーカーによる生産が大勢を占めると考えられる。今後，HSコードが変わるような加工を施す産業，つまり二次部品，三次部品の分野の競争力を高めていけるかが重要となる。それは素材加工，金型，鋳物，金属の表面処理，焼き入れといった要素技術をもつ基盤産業である。これらの重層的な集積が部品産業全体の競争力を引き上げる上，様々な工業製品の部品生産に応用できる技術でもある。この視角からもベトナムは基盤技術の内部化に向け，引きつづき外資系企業だけでなくベトナム地場企業の参入を促すような産業政策が重要である。

　第二に，国際分業の促進に重要となるサービス・リンク・コストの更なる低減が必要である。コンピュータや携帯電話を例にすれば，モジュールの組み立て産業の立地が当面の課題となる。また，同時に回路やレンズ，電池，液晶といった基幹部品の生産立地も進めなければならない。こうした基幹部品の生産に必要な多種多様な部品類の調達円滑化にとって輸送費（コストと時間）の更なる低下が鍵を握ることになろう。

　本章では，ベトナムと中国の国際分業構造の分析を通じ，ベトナムの工業化の課題を提示した。ベトナムは最終消費財の生産拡大という好機をいかし，後方連関効果による工業化の波及を川中，川上部門にまで広げていく必要がある。そして，サービス・リンク・コストの低減も同時に進めていく必要がある。一次部品メーカーの周辺産業となる二次部品や三次部品を中心とした裾野産業を誘致し，物流の円滑化を実現し，ベトナムが東アジア地域の生産ネット

ワークのなかで競争力の高い参加者としての地位を獲得するためには，より一層の政策努力が重要となる。それは，中小零細規模の企業に対してもベトナムが親和性の高い事業環境を提供できるかであり，税関手続きの円滑化，法人税の減免，政府サービスの透明化など，一層の事業環境改善が求められる。

【参考文献】
池部亮（2010）「中越国境経済圏でみる中越経済格差の縮図」石田正美編『メコン地域国境経済をみる』日本貿易振興機構アジア経済研究所，333～371頁。
池部亮（2013）『東アジアの国際分業と「華越経済圏」』新評論。
池部亮（2014）「アジアにおける国際分業の構造と展開」北陸環日本海経済交流促進協議会（AJEC），日本貿易振興機構アジア経済研究所連携研究事業『ASEAN経済の堂尾港と北陸企業の適応戦略』177～204頁。
白石隆・ハウ・カロライン（2012）『中国は東アジアをどう変えるか』中央公論新社。
日本貿易振興機構（2015a）『2015年度世界貿易動向分析報告書』。
日本貿易振興機構（2015b）『2015年度アジア・オセアニア進出日系企業実態調査』。

（参照Web）

ベトナム日本商工会	http://jbav.vn/index.php/ja/
ホーチミン日本商工会	http://www.jbah.info.vn/jp/index.php
日本外務省（TPP関連）	http://www.mofa.go.jp/mofaj/gaiko/tpp/
日本貿易振興機構	http://www.jetro.go.jp/world/asia/vn/

（池部　亮）

結びにかえて

　ベトナムの工業化は1990年代中頃以降，外国直接投資の流入によって開始された。1990年代中頃の周辺国の状況は，カンボジア，ラオス，ミャンマーはASEANに加盟しておらず，当時の東アジア諸国・地域ではベトナムが域内最後発の工業化開始国であった。

　ベトナムの工業化政策は輸入代替と輸出振興を同時に進めるものだった。1990年代，南部では輸出加工区や工業団地が造成され，台湾や日本企業をはじめとする輸出産業誘致が進展した。一方，北部では工業団地の整備が遅れたこともあり，自動車やオートバイの生産と国内販売の合弁企業設立が先行し，輸入代替型産業を中心とした工業化が開始された。その後，北部ベトナムにも外資系ディベロッパーによる工業団地の造成が進み，日本の光学機械大手のキヤノンに代表される輸出志向型の大規模生産工場の進出を皮切りに，2000年代中頃から輸出生産企業の集積がはじまったのである。そして，域内自由貿易交渉の進展やWTO加盟の条件整備によって，輸入代替産業向けの保護策は削減され，主に輸出加工型産業のベトナムへの進出が加速した。現在，輸入代替産業として保護される自動車産業においても，2015年末に発足したASEAN経済共同体（AEC）により進められる域内関税撤廃措置により，ベトナムは2018年にASEAN域内関税を撤廃することになる。そうなればベトナムでの完成車工場の存続は難しくなるため，自動車産業の動向が注目されている。

　一方，輸出志向型の外国投資企業の流入が2007年頃から活発化し，とくにプリンター，携帯電話，カメラモジュールなどのIT関連製品の輸出が増勢してきた。これまで，こうしたIT関連製品では中国が圧倒的な輸出競争力をもっていた。しかし，中国の人件費上昇など労働集約型産業を取り巻く事業環境が厳しさを増し，チャイナ・プラス・ワンとして生産拠点の分散や移転が起こり，とくにベトナムとの間では水平的分業が進展した。

　工業化を開始したばかりのベトナムは輸出品生産のための資本財，中間財の

輸入圧力が高い。しかしながら2010年以降，携帯電話の驚異的な輸出増がおこり，電気機械分野の貿易で長年つづいた赤字を払拭し純輸出国に躍り出た。しかし，これは好調なスマートフォンの輸出に依存した構造であり，中間財輸入圧力を自国内生産によって緩和しないかぎり，再び純輸入国に転じる可能性もある。

　東アジアの国際分業においてベトナムは最終財の輸出基地として頭角を現しつつある。ベトナムは最終消費財の生産拡大という好機を活かし，後方連関効果による工業化の波及を川中，川上部門にまで広げていく必要がある。真の工業化に向け，類似産業や周辺産業の誘致と育成を進める必要があろう。そのためには外国投資企業の事業環境改善，具体的には税関手続きの円滑化，法人税の減免，政府サービスの透明化，サービス・リンク・コスト（とくに物流費）の低減などの改善が急務である。特定産業に目を向ければ，とくに部品産業の基盤技術となる金型，表面処理，金属加工といった中小規模の加工業の重層的な集積が求められる。ベトナムが東アジア地域で競争力のある生産ネットワークの一部を構成するためには，技術柔軟性のある基盤産業の存在が欠かせない。一過性で終わらない自立的工業化に向けベトナムは引き続き弛まない政策努力をつづける必要がある。

（池部　亮）

【編著者紹介】

前田 啓一（まえだ けいいち）……………第1章，第2章，第5章（第1，8節）執筆
大阪商業大学経済学部教授 同比較地域研究所長 博士（経済学：大阪市立大学）

同志社大学大学院商学研究科博士課程（後期）満期退学ののち，大阪商業大学商経学部助教授などを経て現職。専門は，国際経済，中小企業。主要業績は，『EUの開発援助政策』（単著）御茶の水書房，2000年，『岐路に立つ地域中小企業』（単著）ナカニシヤ出版，2005年，『大都市型産業集積と生産ネットワーク』（共編）世界思想社，2012年，『溶解するEU開発協力政策』（単著）同友館，2012年など。近年はベトナム北部での進出日系企業やローカル企業での面談聴取を続けている。

池部 亮（いけべ りょう）………………… 第5章（第7節），第7章，第8章執筆
日本貿易振興機構（ジェトロ）海外調査部アジア大洋州課長 博士（経済学：福井県立大学）

青山学院大学大学院国際政治経済学研究科修士課程修了。
1992年ジェトロ入会の後，ハノイ総合大学留学，ジェトロ・ハノイ事務所勤務，ジェトロ広州事務所副所長などを経て2012年から福井県立大学地域経済研究所准教授。2014年8月より現職。
専門は中国経済，ベトナム経済を中心とした東アジアの国際分業構造の研究。主要業績は，『行け！ベトナム街道』（単著）ジェトロ，1997年，『ビジネスガイド ベトナム』（単著）ジェトロ，2001年，『ベトナム/市場経済化と日本企業』（編著）新評論，2012年，『交流の時を迎える中越国境地域』（編著）新評論，2011年，『東アジアの国際分業と「華越経済圏」』（単著）新評論，2013年など。

【執筆者紹介】

安栖 宏隆（やすずみ ひろたか）…………………… 第3章，第5章（第4節）執筆
元日本貿易振興機構（ジェトロ）ホーチミン事務所長

1965年（昭和40年）鹿児島県生まれ。1989年（平成元年）3月，東京大学工学部都市工学科卒。1989年4月，通商産業省（当時）に入省。フランス（ESSEC経済商科大学院大学）に留学後，経済産業省環境政策課長補佐や内閣府（科学技術政策担当）企画官，在フランス日本国大使館参事官，国土交通省特別地域振興官等を経て，2012年7月から現職。

領家　誠（りょうけ　まこと）……………………………第4章，第5章（第3節）執筆
大阪府商工労働部中小企業支援室経営支援課　課長

佛教大学文学部中退。1987年 大阪府に入庁し，2006年から，ものづくり中小企業の支援を担当。2010年東大阪に拠点を移し，ものづくり支援拠点MOBIOを創設。
2014年に，大阪版エコノミック・ガーデニング「EGおおさか」を創設。海外展開支援としては，アジア平洋研究所「中小企業の東南アジア進出に関する実践的研究」のリサーチャーとして2012年から3年間活動し，ベトナムとタイでの調査を実施。2014年からJICA草の根技術協力事業「ベトナム国ドンナイ省におけるものづくり人材育成事業」専門家としても活動。業績：『町工場からアジアのグローバル企業へ』（共著）中央経済社，2015年。

大内　寛子（おおうち　ひろこ）……………………第5章（第2，5節），第6章執筆
神戸大学大学院国際協力研究科　博士課程後期課程

神戸女学院大学文学部総合文化学科卒業後，学校法人谷岡学園勤務。この間，大阪商業大学大学院　地域政策学研究科博士前期課程修了ののち，現在に至る。
修士論文テーマは「産業人材育成の観点からみた「中所得国の罠」の克服—ベトナムの持続可能な経済発展への可能性に向けて」。所属学会は，国際ビジネス研究学会，日本中小企業学会，JCICSB（Japanese Committee of International Council for Small Business：中小企業研究国際協議会日本委員会）。

小林　恵介（こばやし　けいすけ）………………………第5章（第6節），第7章執筆
日本貿易振興機構（ジェトロ）海外調査部アジア大洋州課　課長代理

一橋大学大学院経済学研究科修士課程修了。
2003年ジェトロ入会の後，熊本事務所を経て，2008年から2012年にジェトロ・ハノイ事務所勤務。2015年8月より現職。
専門は，ベトナム経済を中心としたメコン地域の調査。主要業績は，『世界に羽ばたく！熊本産品』（単著）ジェトロ，2007年，『ベトナム産業分析』（部分執筆）時事通信社，2010年，『ベトナム経済の基礎知識』（部分執筆）ジェトロ，2012年など。

2016年6月20日　第1刷発行

ベトナムの工業化と日本企業

Ⓒ 編著者 　　前　田　啓　一
　　　　　　　池　部　　　亮

　　発行者 　　脇　坂　康　弘

発行所　株式会社 同友館　　〒113-0033 東京都文京区本郷3-38-1
　　　　　　　　　　　　　　TEL.03(3813)3966
　　　　　　　　　　　　　　FAX.03(3818)2774
　　　　　　　　　　　　　　http://www.doyukan.co.jp/

落丁・乱丁本はお取り替えいたします。　　　　三美印刷／松村製本所
ISBN 978-4-496-05216-3　　　　　　　　　　　Printed in Japan

本書の内容を無断で複写・複製（コピー），引用することは，
特定の場合を除き，著作者・出版者の権利侵害となります。